阅读成就思想……

Read to Achieve

图书在版编目（CIP）数据

学会销售：销售冠军的刻意练习：第 2 版 /（英）杰里米·卡斯尔（Jeremy Cassell），（英）汤姆·伯德（Tom Bird）著；林嘉译 . —北京：中国人民大学出版社，2019.11

书名原文：Brilliant Selling: What the Best Salespeople Know, Do and Say，2nd Edition

ISBN 978-7-300-27475-1

Ⅰ . ①学… Ⅱ . ①杰… ②汤… ③林… Ⅲ . ①销售—基本知识 Ⅳ . ① F713.3

中国版本图书馆 CIP 数据核字（2019）第 208831 号

学会销售：销售冠军的刻意练习（第 2 版）
[英] 杰里米·卡斯尔　汤姆·伯德　著
林嘉　译
Xuehui Xiaoshou: Xiaoshou Guanjun de Keyi Lianxi (Di 2 Ban)

出版发行	中国人民大学出版社		
社　　址	北京中关村大街 31 号	邮政编码	100080
电　　话	010-62511242（总编室）	010-62511770（质管部）	
	010-82501766（邮购部）	010-62514148（门市部）	
	010-62515195（发行公司）	010-62515275（盗版举报）	
网　　址	http://www.crup.com.cn		
经　　销	新华书店		
印　　刷	天津中印联印务有限公司		
规　　格	148mm×210mm　32 开本	版　次	2019 年 11 月第 1 版
印　　张	11.5　插页 1	印　次	2019 年 11 月第 1 次印刷
字　　数	216 000	定　价	79.00 元

版权所有　　　　侵权必究　　　　印装差错　　　　负责调换

本书赞誉

《学会销售》这本书是有志于在销售行业脱颖而出的人士的必读书。

帕特里克·弗里斯克（Patrik Frisk）

添柏岚（Timberland）总裁

《学会销售》这本书极具实用性与易学性，绝无众多销售类书籍中充斥的行话术语。此书信息丰富，读者将从中获得实实在在的价值。我强烈推荐！

保罗·马修斯（Paul Matthews）

People Alchemy 公司总经理

我将《学会销售》这本书推荐给那些想要更好地理解销售流程，巧妙地和客户建立长期商务合作关系，并使之转化为持久伙伴关系的人士。

菲利普·詹森（Philip Jansen）

伦敦食品服务经销商 Brakes Group 集团总裁

《学会销售》这本书令我印象深刻。本人负责一家大型企业的销售团队，也一直在寻找一本可以帮助我们团队成员的好书。我衷心推荐此书——书中充满实用的技巧，并无众多销售类书籍中充斥的行话术语。而且我相信，此书无论对于新手还是有经验的销售人员来说，都有非凡的意义。

尼尔·科尔奈（Neil Cornay）

巴黎欧莱雅（L'Oréal）商务总监

《学会销售》是我读过的最棒的商业书籍之一。卡斯尔和伯德将一系列技巧、模板、事例和建议融入人人都可以使用的手册中——无论是销售人员、企业主，还是仅仅想要更具有影响力的人。你在阅读此书的时候不需要彻头彻尾地改变自己——大多数人已经习惯了自己的行事方式，但此书为你提供了微调做事方式的工具。我衷心向你推荐此书，而且私下里我已经把它推荐给了无数人。

安迪·库格林（Andy Coughlin）

销售培训导师

《学会销售》这本书非常实用，这正是我们聘用杰里米和汤姆帮助我们改进销售演讲方法时所发现的。我们的销售人员和经销商从他们的培训和指导中获益良多，他们的参与直接改善了我们的销售业绩。

杰里米·奥尔德顿（Jeremy Alderton）

法国索迪斯（Sodexo）集团销售总监

《学会销售》书如其名，它是一本关于卓越销售的完美之书。它像是一位熟悉的朋友，将带给我们一次令人振奋的改变，一切尽在这本信息丰富而实用的书中。此书真诚地道出，做对工作就能赢得交易，体现了现代精神与人文关怀，令整个销售界翘首以盼！

英国著名上市教育支持服务公司 Tribal Group 业务发展经理

关于本书

我们都曾经买过自己满怀信心要读的书,可是那些书现在仍躺在书架上,最多在第 27 页的位置被折上一角以作为阅读进度提示。我们希望《学会销售》这本书不会遭到同样的待遇。

我们与众多从事销售的人士讨论过他们觉得哪些是有用的信息,以及他们想如何使用一本以销售为主题的书。我们为此专门开展了一次调查,向 300 多位成功的销售人员咨询了他们成功销售的方法。我们在这本书中使用了此次调查中的大量证据。

我们发现你可能有一些关于销售的具体问题,包括:

- 我具体能做些什么,让绩效提高变得立竿见影?
- 在经济萧条时期,我怎样才能取得良好的销售业绩?
- 我怎样才能赚到更多的钱?
- 当前销售行业的"最佳做法"是什么?

凭借多年的销售经验,我们认为你可能会喜欢看到连篇累牍的学术理论、高深莫测的数据,以及与你的市场毫不相关的详细的案例分析……或许不是！我们想要专注于那些在销售中行之有效的因素。那么，如果有一本书充满实用技巧、实战故事和大量练习，以最佳做法为基础，并保证你能提高销售业绩，你认为怎么样？这样的书符合你的要求吗？

《学会销售》正是为那些像你一样以不同方式"接触"销售的人士而写的。那么，这里的"你"会是谁？

- 你就职于一家中小型公司，每位员工都需要掌握基础知识，知道如何成功销售以及与客户沟通。
- 你可能是初来乍到的销售新手，也可能是经验丰富的销售老将，想要用目前的最佳做法来评估自己。
- 你的工作可能关系到尽力提高销售绩效——你可能是销售经理、销售培训师、顾问或者导师。
- 你的工作与销售沾边——你可能在做销售支持，需要了解销售流程和重点。
- 你可能意外地"陷入"了销售，但在拓展业务或者开展职业生涯时发现它很重要。

你也可能在不同的市场以不同的方式向不同类型的客户进行销售：

- 可能是在B2B（企业对企业）市场，也可能是在B2C（企业对消费者）市场；
- 可能销售产品，也可能销售服务——可能销售成品，也可能销售定制产品；

- 可能直接销售给最终用户，也可能通过分销商进行销售；
- 可能面对面销售、网络销售、电话销售，也可能是这些销售方式的组合。

无论你是谁，我们相信《学会销售》都能对你有所帮助。

我们为什么要写这本书

我们二人在上学期间都不曾为了成为销售人员的明确愿望而努力学习过。我们也不曾梦想过某天会开着公司的高级汽车，与客户在销售会谈中短兵相接，更不曾想到过克服了重重困难后拿到订单时的欣喜若狂。我们都是"意外"当上销售人员的。

经过各种阴差阳错，我们发现自己已经在从事销售工作了，简直就像当初有意选择的一样。

我们的销售生涯经历了很多跌宕起伏，有愉快，有挑战，有挫折，有回报，而其中最重要的大概就是自学成才。我们迂回曲折地驶入了销售的海域，并一路为自己导航。我们事业的根基大部分建立在自行摸索如何才能成功销售上。的确，我们旁听过一些有益的销售课程，但没有哪些课程能够直接完整地说清楚销售的概念以及如何做好销售。

即使从业多年，我们的内心仍然有很多疑问：

- 我销售的方式正确吗？
- 我忽视了什么吗？

- 我目前的做法是"最佳做法"吗？

你也跟我们怀有同样的疑问吗？我们写作这本书的目的就是来为你解答这些疑问！

本书的哪些内容会令你开卷有益

你无须从头至尾读完本书，也无须读过并理解某一章后才开始阅读下一章，你甚至无须读完某一章的全部内容，才能了解该章主题的重点和"最佳做法"的建议（尽管全部读完的确会对你有益）。

那么，你该如何以你想要的方式来从本书中获取你想要的信息呢？

- 书中的每一章都有独立主题。该章将探讨关于该主题的有用信息，你无须阅读书中的其他内容。
- 每一章结尾都有"精彩回顾"，即本章关键信息的重点列表。
- 在每一章中，我们都强调了重点，例如引用、练习和重要观点。而且这些内容将被突出显示，方便你直接找到。
- 当然，你也可以从头至尾地阅读这本书，就像阅读普通的书籍一样！

本书有哪些内容

本书共有六部分，每部分针对销售的不同因素分设具体章节，具体如下。

第一部分　作为销售人员的你。本部分重点探讨你个人，以及你的性格、信念、价值观和习惯将如何影响你的销售业绩，它将帮你判断在哪里努力才能提高绩效。

第二部分　流程与计划。这两点可能不是你喜欢销售的原因，但销售流程和你个人的计划对于一致性和绩效的提高至关重要。我们将告诉你工作中的重点。

第三部分　发挥你的影响力。你如何建立可靠的客户关系，并满怀自信地去影响、沟通和谈判？你需要哪些关键技巧？该如何培养它们？

第四部分　了解买家和潜在客户的心理。本部分解释了识别买家和潜在客户动机的捷径，让你能成功约见客户，并告诉你初次会面时该如何行事。

第五部分　提出解决方案。本部分重点探讨如何通过令人信服的销售计划书和具有说服力的销售演讲来取得理想的销售业绩。本部分还将说明如何应对客户异议并达成一致。

第六部分　管理客户关系。一旦销售成功，你要如何管理客户、拓展客户关系，并向对方销售更多？

为了使本书更加实用和易于理解，我们在每部分中加入了以下专栏。

- **精彩小贴士**。把重要信息总结成要点，让你快捷地获取信息，从而提高绩效。
- **精彩案例**。案例将销售技巧形象化，并展示了这些技巧应用于现实中的方法，以加速你的理解和应用。
- **精彩练习**。每一章都有需要你独立完成的练习。练习能将书中的知识带入你的实际工作中，帮助你取得理想的销售业绩。

通过购买本书，你还可以免费访问 www.brilliant-selling.com 网站，网站将为你提供更多的重要提示、博客、嘉宾分享、案例研究和附加的免费资源，以助你继续发展个人的销售事业。网站上还有来自多个市场的300多位成功销售人员所完成的销售调查分析。在读完本书中，你有任何想法，请联系我们，并告诉我们你的想法——反馈意见是成功者最重要的养分来源！

在你继续阅读之前

请思考下你阅读本书的目标。你具体想要达到什么目的？如果你在本书所提到的销售工作的某方面能做得更好，那么这会对你的工作、事业和财务成功产生哪些影响？

如果你能够把销售绩效提高10%或者15%，会发生什么？会产生哪些影响？现在，你可以开始阅读了……请你务必读过27页！

前言

欢迎购买本书。很高兴你能加入我们的队伍！无论你为何购买本书，我们的目的都十分简单：传授如何成功销售的实用观点来提高你的业绩。

2007年时，我们思虑再三，决定撰写一本商业书籍。当时我们有很多疑问，我们是合适的人选吗？我们能写出一本对读者有益的书吗？我们有足够的经验分享吗？最终的结果并不是你此刻正在阅读的这本书！我们本来想写一本关于销售管理的书，但最后没有实现。而我们的责任编辑萨曼莎·杰克逊（Samantha Jackson）却为我们提供了一个机会来写 *Brilliant Selling* 这本书。令人欢欣鼓舞的是，2009年10月，这本书的第1版上架了。

读者的热烈反响令我们惊喜交加。亚马逊网站的五星好评告诉我们，这本书"几乎是一本培训手册""是卓越系列丛书的最佳代表""充满了非常实用的技巧、练习和建议，对销售产生了立竿见影的积极影响"；这本书"完美地命中目标""简化了取得卓越销售业绩的方式""对我的帮助无法估量"。

我们要感谢培生教育集团的整个团队。他们全力支持我们，并将版权出售给了五个国家，我们开心地前往欧洲各地帮助推广新书。我们未曾想到这本书会成为英国的最畅销书之一——这简直太振奋人心了！这本书的成功改变了我们公司的培训和发展业务——我们赢得了令人兴奋的新工作，能够与外国客户合作，并在数不胜数的会议上解答与销售相关的问题。在最近一次去中国香港的旅程中，我们深刻地体会到了成为互联网名人堂（G list）[①]中的一员意味着什么，那就是要花好几个小时在我们的书上签名，并对着各个照相机微笑！

自2009年以来，整个世界以及销售行业都发生着日新月异的变化，从事销售行业的人们可能都会意识到这其中的某些变化：

- 现在的买家变得更精明、更加较真，对价格更加敏感；
- 销售人员与众不同的个人品牌力量日益重要；
- 为客户创造价值和提供见解的重要性不断突显；
- 陌生拜访电话正在逐渐消亡；
- 传统的成交观念已经不再适用于当今许多销售环境。

我们对销售业格局转变的主要看法是，许多变化都是朝着好的方向发展，并为优秀人才提供了绝好的机会。我们需要对销售

[①] G list 即 Google list，可以在互联网上搜索到的名人榜单，也可译为谷歌名人榜。——译者注

的基本要素施以前所未有的关注，而这正是本书的核心内容。在第2版中，我们加入了一些关于身体语言的新内容，并提供了有关销售面谈、远程销售团队和我们新创的 C^3 模型（自信、信任和共鸣）的见解。然而当着手更新第1版时，我们也得出一个结论，那就是书中的绝大部分内容对销售流程中的所有相关人士来说，仍然具有相关性和实用性。

在此，我们要向那些为本书做出巨大贡献的人们致敬：

- 大卫·卡塞尔（David Cassell）对本书进行了校对；
- 萨曼莎·杰克逊提供了建议和指导；
- 莎拉·阿诺德（Sarah Arnold）精心制作了有趣的插图；
- 埃洛伊丝·库克（Eloise Cook）和桑德斯·帕沙（Sundus Pasha）对第2版鼎力相助；
- 保罗·马修斯和克里斯平·斯伯丁（Crispin Spalding）为本书提供了奇思妙想；
- 托比·霍斯金斯（Toby Hoskins）给予本书很多高见；
- 理查德·莫克姆（Richard Moxham）在初期对我们给予了鼓励和建议；
- 保罗·科尔曼（Paul Coleman）一如既往地支持和指导我们。

最后，当然还要感谢所有购买了本书并带动他人购买的读者。同样也要感谢第一次拿起这本书阅读的你，如果可以，欢迎你来听我们的销售公开课。

第一部分　作为销售人员的你　\001

005\　第1章　什么样的性格适合做销售

015\　第2章　信念和价值观是提高销售业绩的核心

027\　第3章　创建个人品牌，成为影响力关键人物

035\　第4章　影响销售绩效的因素

047\　第5章　通过自我训练不断提高

第二部分　流程与计划　\055

059\　第6章　把销售流程当作提升业绩的工具

079\　第7章　充分利用时间做正确的事情

087\　第8章　养成为所有工作制订计划的习惯

093\ 第9章　设立可控目标，取得理想结果

101\ 第10章　有效地利用销售数据

第三部分　发挥你的影响力　\107

111\ 第11章　C^3影响力模型——有效影响力的要素

131\ 第12章　在正确的时间向正确的人提出正确的问题

141\ 第13章　积极主动地倾听，展现对客户的兴趣

147\ 第14章　熟练运用谈判技巧，努力实现双赢

第四部分　了解买家和潜在客户的心理　\159

163\ 第15章　选择合适的沟通方式

175\ 第16章　识别现代买家

185\ 第17章　有目的地开发潜在客户

197\ 第18章　与潜在客户初次面谈的注意要点

203\ 第 19 章 识别潜在客户的愿望和需求

第五部分 提出解决方案 \213

217\ 第 20 章 如何定位你的产品或服务来吸引客户

227\ 第 21 章 撰写漂亮的销售计划书

235\ 第 22 章 准备稳赢的销售演讲

245\ 第 23 章 让你的演讲充满说服力

255\ 第 24 章 充分利用异议，深入了解客户需求

263\ 第 25 章 拿到客户承诺，达成交易

第六部分 管理客户关系 \269

273\ 第 26 章 了解客户的价值

279\ 第 27 章 有效管理客户关系，解决客户痛点

293\ 第 28 章 有效管理客户的关键点

结语 你的完美未来 \303

第一部分

作为销售人员的你

你有没有取得过某些不太可能、甚或绝无可能的销售业绩，连自己都不敢相信呢？

几年前，我发现自己的销售工作处境艰难，越来越没有把握拿下订单。那笔交易的额度很高；我也认识竞争对手，对方实力强大，我方则实力较弱。我发现自己不断地回想起曾经输给这位对手的那一刻，还有自己在竞争过程中所"浪费"的大量时间。最终，我鼓起勇气向我的销售总监求助，把我所有的焦虑一吐为快。听完我的话，他只是问了几个关键问题："你相信我们能拿出满足这位潜在客户需求的最佳解决方案吗？""你有没有问过客户为何认定我们能为他们创造最大的价值？"

这两个简单而切中要害的问题迫使我去思考。

我开始意识到，自己忽视了这笔交易中最重要的东西——在潜在客户眼中我能为他们创造的价值，以及我的见解。我的行为模式正在阻碍自己去赢得超过定额的交易，尤其是当我与这位竞争对手一争高低的时候。每当得到一次类似的机会，我似乎都遵循着同样的思维模式，因而影响了我的行动。销售总监的帮助使我意识到自己的弱点，并学会抓重点，利用这些做法来质疑那些阻碍我成功的绊脚石。

如果让你思考典型的销售人员的形象，你会想到什么？许多人会联想起自己附加给销售人员的固定职业形象。本部分将回答以下问题：

- 我的性格适合做销售吗？
- 我的性格中有哪些具体方面有利于或者不利于我的业绩？
- 我的信念如何对业绩产生好的或者坏的影响？
- 如果想不断提高，我的重点应该放在哪里？

如果你能自觉地意识到那些阻碍你的信念并能改变它们，结果会怎么样？如果你能改变惯用的说话方式，而以更贴近客户爱听的方式去沟通，结果会怎么样？会产生哪些影响？

第 1 章

什么样的性格适合做销售

大多数人认为，所有成功的销售人员都有某种特定的性格：雄心勃勃、乐观、外向开朗，但我们所认识的众多销售高手中必定有人不会这样描述自己。这个人可能性格内向、含蓄寡言，却拥有他所在部门最强大的客户关系网，他堪称成功的销售人员。

　　要做一名成功的销售人员，重点在于保持本色，并对手中的资源物尽其用。你可能不知道自己的性格是有利于还是不利于你所取得的销售业绩。当有人评论你在销售中的具体表现时，他们会重点提到你性格中的哪个部分呢？

　　在现实中，我们每个人身负不同的"性格"，并用于不同的场合。比起跟朋友相聚，我们独处时的性格可能截然不同。而当与家人欢聚，或者在工作场合，我们的性格又可能有天壤之别。你知道自己在销售时的性格有哪些鲜明特色吗？你从事销售工作时是如何思考、行动和表现的？

　　成功的销售人员的确会有意识地关注自己的性格。他们识别性格中有益的部分并加以强化，也会识别性格中拖后腿的部分并加以改变。

　　重复的行为造就了我们。因此，优秀不是一个举动，而是一种习惯。

亚里士多德

希腊哲学家

注意你的销售形象

精彩练习

请回想一下你上次买到某件贵重商品的时刻。除了消费欲望，还有什么原因令你下定决心购买呢？关于对方推销的方式，你欣赏哪一点呢？

现在请回想某个时刻，你想要购买某件商品却选择放弃，只因为不喜欢销售人员的推销方式。具体来说，你不喜欢的那一点是什么呢？

请写下五个词来描述你心中"理想"的销售人员的性格——就是那位最有可能成功向你销售的人。

最后，请尽量客观地写下你认为一位新的潜在客户在初次见面后会用来描述你的五个词。你可能会采取什么样的行动来减少双方观念上的差异呢？

你有自觉意识吗

销售时，我们往往不会自觉思考所采用的销售方法，也不会思考这些方法是有利于还是不利于我们的成功。我们每时每刻都在消化处理着浩如烟海的信息，于是只好简单地跟着习惯走。随着时间的推移，这些习惯就变成了潜意识——令我们不假思索就付诸行动。

销售方式因人而异，我们需要保持本色才能在工作中做到态度诚恳，销售的时候努力"变成"另一个人没有任何好处。我们需要有意识地了解自己的个人偏好或者习惯，以便强化有益的性格，改善无益的性格，并仍然能保持本色！我们有很多不同的偏好，它们决定着我们关注的焦点、动力的来源，以及在特定场合下做出反应的方式。

在研究具体的偏好之前,先来思考一下我们是如何学习并提高的吧。

在学习中,我们会经历一个阶段,在此期间,必须全神贯注在所学的内容上,例如,骑脚踏车。坚持一段时间后,所学的内容就变成了一种潜意识的技能,习惯就此养成。

> 要培养或者改变一种习惯,我们需要三个要素:知识、愿望和意识。

要培养或者改变一种习惯,我们需要三个要素:知识、愿望和意识。

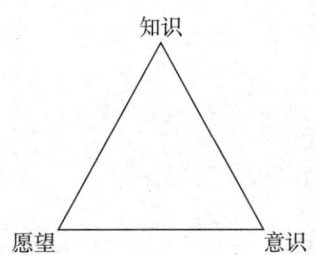

我们只有自觉意识到已经形成的习惯,才能做出改变。我们需要拥有关于如何改变的知识(本书将助你一臂之力),以及我们此时此刻必须拥有真正想要改变的愿望。有些销售习惯已经帮助我们取得了良好的业绩,我们也需要意识到它们的存在。越是自觉把握销售的各个方面,我们越容易成为行家里手。

重要的偏好有哪些

以下列举的一些偏好（往往在潜意识中）会影响到我们的销售方式。当然，我们的潜在客户和现有客户也会有偏好，本书的第三部分将对此进行详细探讨。每项偏好都可以用两个极端的形式来展示，但是性格却无法以这样泾渭分明的方式来解释。请把每组偏好想象成一道光谱，而你就坐在两极之间连线的某一点上。其中一些偏好因环境而异，因此请把它们与你的销售工作联系起来考虑。

以下并未详细列出所有偏好——我们只选择了其中三项来请你思考并深刻意识到它们是如何影响你的销售方式的。当你回想起这三项偏好时，请思考你坐在两极连线的哪个位置，以及它们是如何影响你的销售风格的。这些偏好没有正确和错误之分。然而，了解自己的偏好能帮你选择更好的应对方式。

1. 你偏好采取行动还是进行思考

行动 ←——————→ 思考

你如何着手装配一件新买来的自行组装家具？你会打开箱子马上开始组装，还是偏好先阅读说明书，也许还把家具的各部分摆开，再思考如何开始组装呢？请想象在销售时你会采用有力的行动导向型方法。你可能十分擅长拿起电话，安排面谈，并跟进行动。

但是计划方面呢？也许你拿起了电话却并没有真正想好合

适的应对方法。如果你偏好思考,你很可能擅长三思而后行。但是你会不会因此而迟迟无法采取行动呢?也许你已经制订出深思熟虑的计划,却总是无法采取电话沟通、约见客户和上门拜访等必要行动,因此不能马上成功。作为一个偏好行动的人,我知道自己已经学会了多加思考,而思考让我的销售工作受益匪浅。我以前常常在约见客户后"即兴发挥",现在却会事先想好议事日程以及可能会出现的问题。

行动导向型和思维导向型的优缺点分析可以翻看《销售人员拜访手册》。

2. 你是偏好细节还是全局

全局 ←――――――→ 细节

你需要掌握多少信息才能安心地完成任务?你会设立宏观目标,还是更擅长把它们分解成各个里程碑式的小目标?

全局型人群重视广度胜于深度。他们往往忽略细节,只描述概况。曾经有位销售经理以概述的方式向我传达了一项新的销售策略,他完全没有意识到我需要更多的细节——他认为细节无足轻重。与之相反,细节型人群重视深度胜于广度。对于某个特定任务,他们需要掌握更多的信息才能感到安心。他们可能会注意到一些全局型人群对细枝末节的差异完全不感兴趣。这种偏好在书面和口头沟通中都会出现,而我们最好能够理解沟通对象的需求。如果我们只是简要地概述,对方可能会觉得需要更多的细节。

而如果对方只想要一个概述,那么探讨细节只会令对方沮丧。

最简单的做法就是询问对方需要多少信息。如果你正在撰写销售计划书,这样的做法必将卓有成效!以前我曾经在计划书里连篇累牍地写满了细节,却把它交给了只想看总结和要点的人。

> 询问对方需要多少信息。

全局型人群与细节型人群的优缺点分析可以翻看《销售人员拜访手册》。

3. 你的动机是趋利还是避害

趋利 ⟵⟶ 避害

经历10年内多次换工作之后,我意识到自己需要再换一份工作。不是因为新工作是我真心想要的,而是因为它让我远离了在旧工作中所遇到的问题和困难。这与基于自知之明而做出的选择截然不同。我又发现,这种避害的偏好曾出现在我做过的很多决策中。即使是妻子询问想去哪里用餐,我也觉得先告诉她我不想去的地方会比较容易。这些都是避害动机的例子。避害并没有错,比起寻找目标,我只是更重视避免问题。

与之相反的是趋利动机。我的一位朋友绝对属于趋利型人群。他根本不会考虑避免问题,他只会考虑自己想要什么,以及想得到什么结果。

当面对与你截然不同的销售对象时，请考虑到这种偏好的影响。如果我属避害型人群，我可能会把做事重点放在客户想要避免的问题上。如果客户与我观点一致，这样做当然毫无问题。但如果对方属趋利型人群，就很有可能会对这个明显有问题的重点感到沮丧。与之相反，如果客户属避害型人群，而我属趋利型人群，当客户努力想解决问题和困难的时候就会认为我偏离了重点。

趋利型人群与避害型人群的优缺点分析可以翻看《销售人员拜访手册》。

 精彩回顾

更多地了解自己的性格无疑会提高你的销售能力。本章探讨了一些能让你深入了解自己的观点：

- 没有所谓"适合"的销售性格——销售因人而异；
- 我们的销售方法、行为和沟通都基于自己潜意识中培养出的偏好或习惯；
- 有些习惯有利于我们的表现，而其他习惯则不利于我们的表现；
- 要培养或者改变一种习惯，我们需要三个要素：知识、愿望和意识；
- 了解自己的偏好使我们能够灵活变通，适应性更强，从而取得自己理想的销售业绩；
- 永远意识到你的沟通方式可能与正在听你说话的那个人不同。

除了性格以外，我们都有信念和价值观，它们会影响到我们的行为和业绩。理解它们将会帮助我们提高绩效。

第 2 章 信念和价值观是提高销售业绩的核心

很多年前，我去一家大型国际银行拓展业务。当时我刚刚开始自主创业，在提供咨询和培训业务方面仍是新手。虽然我自信能为企业提供物有所值的培训，却对自己每天的收费额度持保守态度。一位引荐我过去的朋友在接待处与我碰面，他说的话令我大吃一惊。他说："不要想着每天收费低于2500英镑，否则没有人会重视你。"

- 在这个案例中，我的信念是什么？
- 我朋友的信念是什么？
- 我想要推销业务的银行的信念是什么？

销售成功的原因远不止销售人员的行为和技巧。在销售中，我们的决策和动机都基于自己的信念和价值观，它们在很大程度上决定着我们是否会成功。

信念和价值观是什么？它们是如何形成的

价值观

价值观实际上就是我们所重视的事情。我们的价值观遍及生活的各个方面。

一些常见的价值观包括：

自主	创新	自由	诚信
快乐	责任	金钱	安全
帮助	尊重	成就	正直
守时	结果	认可	地位

销售也不例外，我们也会围绕销售产生一些具体的价值观。

幸福就是意识到自己的价值观获得了实现。

艾恩·兰德（Ayn Rand）

俄裔美国小说家、哲学家

精彩练习

请对你目前的工作思考片刻，并回答这个问题："你在工作中享受什么？重视什么？"另一个需要你思考的问题是："关于销售，你重视什么？"请写下回答这些问题时你所想到的词语列表。这些词语就是你的销售价值观。

你的销售价值观列表中有哪些词语？重视这些价值观并以支持它们的方式进行销售至关重要，至少不要用违背它们的方式去销售。如果你忽视价值观，就等于限制自己的成功。请记住，卓越销售力的重点在于发挥自身长处，而你的价值观就是关键。例如，如果你重视诚信，你就会想方设法向诚信致敬，这样做就等于支持你以合乎道德的方式进行销售。如果你把诚信当作价值

> 如果你忽视价值观，就等于限制自己的成功。

观，却在一个无法实现诚信的环境中工作，那就会引起你的挫败感和焦虑。

金钱是你价值观中的重要特征吗？

在销售高手的价值观中一定有金钱。如果他们重视金钱，自然而然就会采取行动来支持自己赚更多的钱！如果金钱不在你的价值观列表中，请花些时间来思考，为什么它不在？你的价值观中有哪些内容与金钱有关？把金钱当作价值观并没有错——金钱让你有能力去做想做的事情，你完全可以变成一块吸金石！

> 卓越销售力的重点在于发挥自身长处。

支票簿存根余额就是我们的身价。

格洛丽亚·斯泰纳姆（Gloria Steinem）
美国作家、女权主义者

关于销售的信念和成功销售的能力

你对二手车销售人员的看法如何？我起初认为，他们通过油嘴滑舌和摆布客户而大肆捞钱。这个看法多年来一直促使我从来不去二手车展厅消费。最近我遇到一个令我改变了信念的人。他提供的专业服务超越了我以往购买任何汽车的经验，更不用说二手车了。

- 当你向客户销售的时候,你认为对方的信念是什么?
- 关于销售,你的真实信念是什么?

如果你认为销售就是摆布客户,那么在你听到第一声"不"或者拒绝的时候,就更容易放弃。

信念就是我们心中的真理,它巩固了我们行动的基础。信念可以支持或者限制我们的销售绩效。

要想获得成功,我们必须首先相信自己能够获得成功。

迈克尔·柯达(Michael Korda)

美国作家、小说家

请思考这个信念:"我无法销售连自己都不相信的产品。"

这个信念将会对你的绩效产生好的还是坏的影响?信念的力量可以用以下案例来说明。

▶ 精彩案例

请想象自己被要求在未来两星期内拨打陌生拜访电话,你将感觉如何?你们当中有些人也许会翘首期待这个机会,但是大多数人可能会说:"我永远也做不到!"正是你的信念主导了你的回答。如果你说"我永远也做不到",那不一定是真实情况。我的意思是,如果你真的做了又会怎么样呢?如果陌生拜访电话是创造新机会的必然之举,那么你的信念就会限制你。通常情况下,如果你问一个喜欢拨打陌生拜访电话的人为何会有相信这种做法的信念,他可能会说"这只是一个数字游戏",或者说"拒绝又不是针对你个人的",甚至说"我认为我们能为潜在客户提供物有所值的产品,我有责任告诉他们"。想想吧,心怀不同的信念,你得到的结果可能就会完全不同。

积极的销售信念将让你的表达充满激情,令人信服。但是如果你不相信自己销售的产品,那么这种信念很可能会传递到对方那里,你的话就不再具有说服力了。"是什么原因让我相信某件产品呢?"答案将与你的价值观密切相关。

精彩练习

请扪心自问:"是什么原因让我相信自己正在销售的产品?"

请写下答案。这些答案就是你所重视的因素的列表。此时此刻,你将如何为它们排序?根据你的答案,你在销售中需要关注什么?

你当前的信念能让你充满激情、令人信服吗？

因此，信念不一定是真理，它们只是你所认为的真实。信念是非常私人的感受——它们来自朋友、家庭、环境。有许多信念在我们儿时就已经形成了。

相信能使神话变成现实。

乔治·奥威尔（George Orwell）
英国小说家

怎样才能知晓你对销售业绩和销售行为的信念？其实，只要问问自己你相信什么，然后写下来就行了。

> **精彩练习**

1. 请写下你此时此刻对销售业绩和销售行为的信念。
2. 请思考你所知道的最成功的销售人员的信念。
3. 如果二者有区别,请注意区别是什么。有哪些关于销售业绩和销售行为的信念正在阻碍你?请列在表上。

对于限制销售业绩的信念,我们应该做些什么

现在我们对信念已经有所了解。彼得·圣吉(Peter Senge)在其所著的《第五项修炼》(*The Fifth Discipline*)一书中,总结了威廉·艾萨克斯(William Isaacs)的"推论阶梯[①](Ladder of Inference)"模型,描述了信念的形成过程。

在阶梯的最底层,我们观察到的数据是事物的本来面目。因为我们无法处理所收到的全部数据,所以下意识地选取了自己关注的数据。然后,我们为选好的数据添加含义,之后根据这些含义做出假设。再然后,我们根据这些假设得出结论,再由结论最终形成信念。我们每登上一级阶梯,就会更加远离客观"真相"。当我们形成了一个信念的时候,它根本不是真正建立在客观事实

---

① 推论阶梯是用来检视我们思考过程的工具,能够帮助人们学会更好地认识自己的思维和逻辑推理方式。它也是使自己的思想为他人所知晓,进而询问他人对形势有何推断的一种途径。——译者注

的基础上。

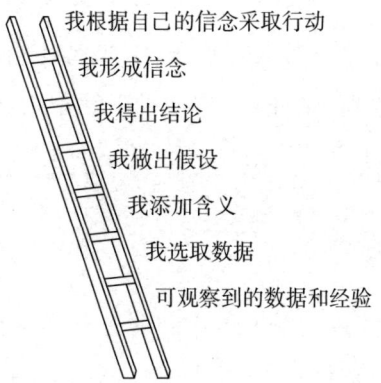

更糟糕的是,一旦我们形成了局限性信念,大脑便创造出所谓的"心智反应循环(reflexive loop)"①,只会留意那些支持局限性信念的信息。我们会主动搜寻那些证明自己正确的信息数据,因此忽略了相反的证据,从而创造出一个自我应验的预言!

改变局限性信念的出发点是要明白它们并不是客观真实的,它们忽略了其他相关信息。

对于每一个局限性信念,请开始寻找与之相反的客观证据。例如,如果你相信"我打出的每个陌生拜访电话都会打扰到对方",那么请开始寻找证据,证明这不是事实。证据可能是因一通陌生拜访电话而引发的你与客户的成功对话,甚至是成功约见

---

① 心智反应循环,是彼得·圣吉在《第五项修炼》里所总结的推论阶梯中的内容。心智模式是人们在成长过程中受成长环境、教育背景和生活经历的影响,而逐渐形成的一套思维行为的模式。不同的心智模式,对问题的判断会大相径庭。——译者注

到客户。那么，对于这些客户，你的信念就并不真实。会围绕信念而产生的问题是，我们经常忽视不支持这种信念的证据。我们可能会说"嗯，那是个例外"。那么，思考局限性信念的最终代价也对我们有所帮助。以下练习将有助于说明这一点。

精彩练习

现在请判断一个会限制你的销售业绩的信念，并写下来。

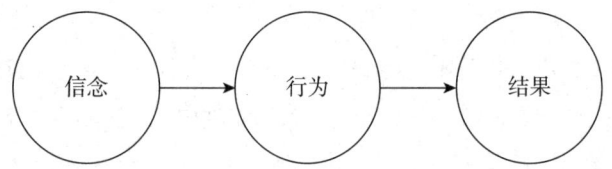

面对这个局限性信念，请真正心无旁骛地去思考它的含义。现在请思考，如果怀有这个信念，你将会做什么（具体的做法，包括身体上和思想上的）。请仔细想清楚，并写下你能想到的尽可能多的行为。最后，根据你在行为步骤中写下的内容，思考你因为这些行为而得到的结果。请遵照逻辑将这些行为推论到底，直至产生最终的结果。这样做将帮助你理解怀有局限性信念的最终代价。

现在请想出一个你确信真实无误的不同信念。

例如，在陌生拜访电话的案例中，不要相信"我打出的每个陌生拜访电话都会打扰到对方"，而要相信"我能为接电话的人提供物有所值的产品"。

请将这个新的信念代入"信念—行为—结果"模式,并注意两个信念所产生的差别。

能够成功改变你的局限性信念的关键在于:

- 意识到那些限制你的信念;
- 思考怀有这些局限性信念的最终成本;
- 想出一个你确信真实无误的不同信念;
- 随时练习想着这个新信念,并联想秉持它的好处。

你可能会惊讶不已,这个新的信念居然这么快就成了你的习惯!

 精彩回顾

信念和价值观是你的绩效的核心。本章涵盖的要点如下:

- 我们的价值观是我们重视的事情;
- 成功销售人员的价值观里应该有金钱;
- 信念是我们所认为的真实。它们是围绕着我们的价值观而形成的,并且往往不是客观真理——只是我们自以为的真实;

- 信念可以支持或者限制我们的绩效;
- 我们可以改变那些限制自己的信念;
- 改变局限性信念的第一步是要意识到它们的存在,并了解怀有这些信念的最终成本;
- 寻找与局限性信念相反的客观证据——寻找它们不真实的情况、例外的情况;
- 思考你确信真实无误的不同信念,在销售时请秉持这些信念。

作为销售人员,我们的信念和价值观会围绕很多事物发生,其中包括自己所担任的销售角色的目的。卓越销售人员的一个特点就是他们对自己角色的看法:他们只是单纯的销售人员,还是有其他更多的角色?第3章将对此进行详细探讨。

第 3 章

创建个人品牌,成为影响力关键人物

很多年前，我曾经向企业用户销售软件解决方案。这是一个新开发的市场，有几家像我一样的供应商（技术上有竞争力、供应配套产品）同时为市场提供服务。就好像我们引领了一波全新的技术浪潮。每年大概有35家同类企业在英国各地进行路演①，这意味着我们能够多多少少增进对彼此的了解。

我认为这是天赐良机，从我供职的部门可以观察到所有核心销售人员。无论是白天他们在展台上"工作"的状态，还是夜晚大家一起赶路时"放松"的状态（我们集体乘坐几辆长途汽车出行）。

对于像我这样热爱观察的人来说，有一件事情显而易见：总有两三个人鹤立鸡群，是部门中的"万事通"。他们与竞争对手和配套厂商等人侃侃而谈，看上去对市场和技术了若指掌，在人群中永远引人注目——不一定掌控全局，却总是积极参与。在他们的展位上，他们似乎总是应接不暇——即使接待的不是潜在客户，那也会是其他供应商和潜在的合作伙伴。他们似乎无须刻意去寻找这些人。

---

① 路演（包含但不限于证券领域）是指在公共场所进行演说、演示产品、推介理念，以及向他人推广自己的公司、团体、产品、想法的一种方式。——译者注

时间快进 25 年，我想你会赞同此类情形：在任何部门、团队、公司甚至朋友聚会中，至少有一个人似乎比其他人都更能影响到市场、团队或者局面。他们似乎是"万事通"。

我们都能想到一些吸引自己的"品牌"。它们代表了我们所重视的某些价值观——这些价值观"支持"了令我们感兴趣的事物。在过去，拥有自己的"品牌"，并成为"影响力关键人物"是成功销售人员的头等大事，我们相信当前情况有过之而无不及。

为什么这点在当前依然很重要

我最近为家里购买了一套新的电视系统，并做了一点研究。当决定购买时，我问导购会推荐谁来帮忙安装设置。尽管他们在店里展示了一堆自由职业安装者的名片，但是我问的那个人却看着我说："你需要找卢克，他会为你安排好一切。"然后他给了我卢克的电话号码。卢克没有在店里展示他的名片，但导购信心十足地立刻就推荐了他。我打电话给卢克，他提供了堪称完美的安装和设置服务。他的服务好到从那以后我陆续将他推荐给了我的四位朋友（其中有人甚至根本没想过要安装新的电视系统）。卢克就是其所在地区和团队的影响力关键人物。

众所周知，世界、经济、市场和客户都已经今非昔比。对于我们当中的大多数人来说，销售并没有因此变得更加容易。我们的客户能获得前所未有的更大的信息量，市场情况往往更加错综复杂，因此，我们无法再对客户施加正式直接的影响力。经济形

> **我们需要显而易见地为客户创造价值。**

势的变化意味着我们需要在每一次接触客户的时候都能显而易见地为其创造价值。

成功的销售人员能够认识到,想要在当今社会获得成功,就必须扩大销售范围和影响力,而不仅仅是与潜在客户进行有效的一对一沟通。他们希望潜在客户和现有客户——以及任何在他们所选中的市场或群体中拥有影响力的人,对他们都能满口赞许。他们认识到这将间接或直接地帮助自己赢得新的潜在客户和顾客。卢克认识到并利用了这一点——你也可以在自己的市场和群体里如法炮制。

谁是影响力关键人物

当今成功的销售人员需要被看作其产品或服务的"万事通"。他们需要广泛施加影响力,而不仅仅是与客户进行一对一沟通。他们需要客户向他人称赞自己。

丹尼尔·普里斯特利(Daniel Priestly)在其所著的《成为影响力关键人物》(*Become a Key Person of Influence*)一书中总结了影响力关键人物(KPI)的一些特征:

- 他们的名字出现在人们的对话中……出于堂堂正正的理由;
- 他们吸引了大量机会……都是天赐良机;

- 他们赚的钱远远超出大多数人……而且毫不费力；
- 他们的参与可以使项目成功……这一点众所周知。

普里斯特利的理论并不局限于销售人员,但他的观察却真实可靠。成功的销售人员专注于成为 KPI。他们与客户心意相通,备受尊敬,远近闻名,极受重视。

如果你把自己当作销售人员,那么你只会扮演销售人员的角色。在当今的经济社会中,你需要把自己当作 KPI,并且真正变成 KPI。这就需要你采取能够帮助自己改变的重要(但非紧急的)行动。

成为影响力关键人物在销售实践中意味着什么

成为 KPI 不是要你采取一系列行动,而是在于你的思考方式。这需要你从不同的角度思考自己——不仅把自己当作销售人员,更要把自己当作企业家那样勇于为自己的行为和结果承担责任的人,要目光长远,不能仅仅看到那些显而易见的销售机会。你要成为一个行走的、会说话的品牌。你想要吸引谁?

用销售术语来说,你需要持之以恒地探索成为 KPI 的方法。以下七项行动可以帮助你成为 KPI。

- 花时间收集信息,深入了解你的产品/服务/市场/客户。
- 对现有客户和潜在客户保持好奇心——不仅关心他们如何使用你的产品,而且还要询问配套供应商的情况,以便发展合作关系。

- 在销售会议上发言，撰写论文和文章，使自己脱颖而出，成为销售领域的专家。
- 从战略角度思考你的客户关系网。想清楚你需要与谁联网，并采取行动按部就班地建立合适的客户网络。请记住，联网活动重质不重量，因此，请务必聪明合理地利用你的时间。
- 想方设法为你的现有客户和潜在客户提供优质的体验或服务……不是一时，而是永远。
- 在每一次接触中都努力为对方创造价值。无论对方是否是你产品或服务的潜在客户，人们总会向他人推荐那些能为他们增值的人。
- 创作理想的自我介绍以回答"你是做什么工作的"这个问题。你需要思考自己能为客户带来的购买利益，而不是你工作的特点。"我帮助企业提高盈利能力和收入，打造干劲十足的销售团队"这样的回答比"我设计和提供销售培训课程"更引人注目，直指利益。

精彩回顾

在这简短而又重要的一章中，我们探讨了创建个人品牌的概念——品牌将会为你吸引人脉，其中包括潜在客户。这一概念要求你反思自己，然后采取行动成为影响力关键人物（KPI）。

本节探讨的要点是：

- 在任何团队中，总有几位"万事通"的影响力远超他人。他们就是KPI；
- 要成为KPI就需要你改变思考方式——不能只把自己当作销售人员，而要把自己当作企业家；
- KPI会成为潜在客户的"万事通"；
- 成为KPI需要你花时间了解你的市场和团队，这样你才能成为专家；
- 你必须超出潜在客户和现有客户的期望值；
- 你必须设法为你约见的每一个人创造价值，这样他们才会想要向他人称赞你。

成为KPI需要你专注于不断地提高自己——这正是接下来两章的主题。

第 4 章

影响销售绩效的因素

此刻，我的脑海中浮现了这样的场景：你刚刚和老板开完一个时间很长的销售会议。毫无疑问，你们必须达到季度销售指标。老板备感压力，你也一样。事实上，你们的大部分时间都在讨论销售金额和潜在客户，以及增加一位潜在客户来帮助你们完成季度指标的可能性是80%，还是只有70%。你们讨论了排名和交易结案的可能性。这个场景听起来熟悉吗？这就是关于业绩的会议。

人们常说"业绩是销售的全部"。当然，这一点毋庸置疑。唯一的问题是，我们无法"实施"业绩。如果我们只关注数字、指标或部门渗透定价①，那么目标实现时我们就会知道（因为这些是可测的）。但是实现目标取决于我们的**绩效**——就是那些我们可以控制和实施的行为，那些有利于或者不利于我们取得业绩的事情。

让我们以一次会议为例来探讨绩效吧。该会议确立了业绩（你需要达到的销售额）指标，并讨论了针对每位客户的具体行动计划。也许会议的第一个重点是下一次会议如何制订计划和准备，第二个重点是头脑风暴，让你思考能够打动决策者的方式，以及最能影响他们的因素。那么第二个重点所关注的就是绩效的

---

① 新产品初上市时，以较低价格定价，以获得最高销售量和最大市场占有率为目标，这一策略被称为"渗透定价"。——译者注

各项内容,而这些内容将最大限度地帮助你提高实现理想业绩或者目标的可能性。

> 糟糕的管理者把活动和绩效混为一谈。
>
> 佚名

关注绩效的办法之所以有效是因为你能够控制它。想一想为奥运会 400 米自由泳比赛而刻苦训练的运动员,显然他/她想要的业绩①是赢得比赛,但是这位运动员是无法控制比赛结果的,因为同一个泳池里还有其他游泳运动员。因此,这位运动员必须设立一个绩效目标作为努力的重点。

许多因素都会影响销售绩效,而你只需要关注那些自己可以控制或影响的因素。对于大多数人来说,下面的图表有助于说明绩效的各个组成部分。

> 只关注那些你可以控制或影响的因素。

---

① 原文为 result,既有"业绩"的含义,也有"结果"的含义,此处为作者的一语双关。也可以理解为,运动员的业绩就是比赛结果。——译者注

绩效冰山

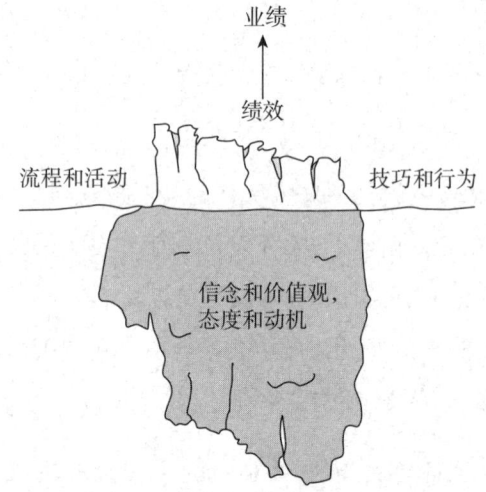

能影响销售绩效的可见因素（即那些浮出表面并可被观察到的因素）是我们所进行的流程和活动，以及我们所展示及使用的技巧和行为。

流程和活动

销售的背后需要有一个流程。没有这个流程，我们就无法管理不同的销售工作，因此也无法管理我们在每项工作中的绩效。我们可能会偏好销售流程中的某些环节，而能够立竿见影地提高绩效的捷径就是控制我们的活动和所遵循的流程步骤。

本书的第二部分将会详细探讨销售流程，但在此我们可以关注的有关流程和活动的具体绩效有：

- 我们对销售流程的每个步骤同样关注，还是只关注其中之一而忽视其他？
- 我们是否向潜在的新客户拨打了足够多的电话，以获得想要的见面机会？
- 我们是否在发送报价或计划书后始终跟进？
- 我们是否确保在每次通话后更新记录？

技巧和行为

在开展销售流程的各步骤和活动时，我们利用各种可见行为和技巧来帮助取得业绩。本书第三部分将探讨其中部分内容，包括：

- 我们与对方建立友谊（和谐关系）的程度；
- 我们利用有效问题来发现买家需求的能力；
- 我们影响买家看到我们所销售的产品或服务的购买利益的能力；
- 我们通过电话约定面谈的效率；
- 我们组织面谈的方式，包括我们能说出多少与潜在客户相关的话题。

绩效冰山就像所有普通的冰山一样，只有尖端是可见的，大部分内容都隐藏在海面以下。我们无法直接看到这些内容，但毫无疑问可以看到它们的影响。

信念和价值观

了解自己的信念和价值观有助于我们理解自己的行为模式和所取得的业绩。例如，如果我们认为自己无法拨打陌生拜访电话，那么就很可能会避免这种行为。同样，再多的技巧或流程也于事无补！

态度

这是另一个能够影响销售绩效的因素，它非常重要，却往往不可见。我们对待客户的态度如何？我们平时的工作态度呢？当客户要求了解更多的信息，而且也许不止一次地提出要求，我们对对方的态度又如何？我们能够控制自己的态度，而态度就是我们需要注意的事情。

> 我们能够控制自己的态度。

动机

早上叫醒你的是什么？动机为我们的工作提供能量，而且往往与我们的价值观息息相关。例如，有时当我需要更多的动机以让自己加倍努力工作时，我就会想想自己正在计划与家人共度的美好假期，以及为了度假需要花掉的钱！

控制

如果你真心想要提高绩效，就需要客观地看待上述每个因素，并在需要时采取行动。

精彩练习

请使用免费资源包中的模板或者创建你自己的模板,并客观地列出以下内容:

1. 公司会用哪些重要业绩指标来评价我(销售额、利润、新客户等)?

2. 流程/活动:客观地说,我对销售流程中的哪些步骤或活动关注得还不够?

3. 技巧/行为:请反思最近两周,想想你在日常销售工作中所使用的技巧和行为。请从以下列表出发,并添加自己的技巧/行为:

- 建立友谊;
- 提问技巧;
- 倾听技巧;
- 说明购买利益而不是工作特点;
- 在进行产品演讲之前花时间识别客户需求;
- 提供见解。

请优先列出最能帮你努力改善技巧/行为的因素。写下排名前三的具体行动,并提醒自己去完成它们(例如,连续一周在日记中设置提醒,为每天的例会准备三个重要问题)。更好的做法是,从你的同事或上级那里得到客观的反馈意见后,再来决定你的优先任务是什么。

请打印这份列表并不断补充内容——把它作为你自我反思的日常依据，你将获益匪浅。

下面要讲的这个故事为那些只看重业绩的人敲响了警钟。几年前，我的工作是向零售店推销消费品。我前一年的业绩不错，但本季度略有落后。如果我能完成季度指标，就会得到一笔奖金，而我的销售经理也在不断提醒我，鼓励我尽力争取每一笔业务。我走进一家零售商店，此前我已经与该店建立了良好的关系，此时我的脑海中全都是经理敦促我拿到业绩的话语，于是我设法销售了大量产品以供对方存货。当时我非常开心，我完成了季度指标并获得了奖金。但不幸的是，我的客户卖不掉产品，从那以后他们再也没有向我购买过任何产品。我为了一次业绩而牺牲了这段客户关系和未来交易的可能性。

有一点虽然我们未在此讨论，但与绩效关系密切，那就是设立具体和适当的目标。在本书第二部分关于计划的章节中将详细探讨这一点。我们支持你将有关行为、技巧、活动和流程的具体原则应用于个人绩效。

意识和责任感——持续提高的关键

我们在本章节中探讨过的全部内容都要求你关注有利于取得业绩的各项行为——也就是你的绩效，这势必会导致我们提及提高绩效的重点。如果想要改变行为（或者信念），那么你必须具备两个要素：**意识和责任感**。

绩效冰山图为绩效的各个方面分门别类，但一切结论都归结于这两个词。

意识

我只有首先意识到自己的行为，才能改变某种行为或者信念。虽然这听起来浅显易懂，但是我们大家都做过自己并未意识到的行为。如果我们没有意识到这些行为，就无法去改变它们。例如，有些人似乎一鼓作气地进行到销售计划书阶段，却并未赢得交易。他们还丝毫不觉得自己有错，直到一位好心的潜在客户反馈了他们丢掉订单的原因："其他供应商提出的问题能揭示我们真实的业务需求。你们的产品不错，但我们感觉你们并未充分理解我们的难题。"有些销售人员只是单纯听听反馈意见，把它归结为一次经历而束之高阁，然后开始寻找下一个机会，他们并未选择从这次经历中吸取经验教训。而成功的销售人员会针对阻碍业绩的某个绩效方面提出更多的问题，并对此格外注意。他们会选择改变方式来接待下一位潜在客户，并且无论结果如何，都会寻求他人针对这个方面的反馈意见——方法可能是在拜访客户时带位同事去观察自己的行为。

好消息是，只要你针对某个方面格外注意，你这个方面的绩效就会不知不觉地得到提高！想象一下吧！把自己绩效的某个方面放大观察，就可以不费吹灰之力地提高它。请回想一下学习开车的过程。最初几次，你尝试平稳地启动车辆，在松开离合器和踩下油门之间找到适当的平衡也许不能尽如人意地顺利。但是，在极短的时间内（这很有希望），只要多注意这个动作，你自然而然就会提高了。

责任感

　　这一点也可以换一种方式表达，即应对能力。为了对个人绩效负责，你需要意识到自己拥有应对能力，即在特定情况下选择行动和应对方式。请记住，我们做工作时总是遵照下意识的习惯，所以如果我们想要知道是否还有其他的应对方式，就需要反思自己的行为。如果这是我个人过去的习惯，我的行情报告总是充斥着连篇累牍的细节，却没有总结过客户购买我产品的令人信服的关键原因，那么我完全可以选择改变这种方式，只要我想做出改变。我还有可能经常忽视同事的日常反馈意见，而想方设法地证明自己的行为是正确的，但我完全可以选择改变这种做法。

精彩小贴士

- 从你的潜在客户、现有客户和同事那里寻求客观的反馈意见。请他们具体说明观察到的情况，以及你可以改变哪些行为。
- 请认真练习注意你的一切行为所产生的影响——特别是你与现有客户和潜在客户的对话。

- 当你没有得到想要的结果时，请思考是否还有其他选择，以便下次拿出不同的应对方式。

 精彩回顾

本章所探讨的有关绩效的重点是：

- 你不仅要关注业绩，更要关注绩效，它将如你所愿，让你提高业绩；
- 绩效的组成部分包括可见的流程、活动、技巧和行为，以及常常不可见的信念、态度和动机；
- 你的信念、态度和动机对你的绩效的影响要远远大于可见因素；
- 提高绩效的两个重点是责任感（应对能力）和意识；
- 格外注意某个方面将在无形中提高你的绩效。

绩效是可以为我们所控制、发展和提高的。不断提高绩效的灵丹妙药就是自我训练，这正是下一章的主题。

第 5 章

通过自我训练不断提高

成功的销售人员时时刻刻都忙着自我训练——即使他们不称其为训练。

近年来,训练已经成为一种广受欢迎的提升工具。虽然它来自体育界,但因其注重提高责任感和意识,在商业上也受到广泛应用,并大获成功。许多企业都聘请导师来培训高级管理人员,而你也可以自我开展行之有效的训练。

你们当中有些人有销售经理的指导,有些人则没有。即使你向销售经理汇报,十有八九你都会被告知要自行其是。你需要在同事有限的投入和支持下取得销售业绩。我们在上一章节探讨过,意识和责任感对于提高绩效很重要,因此它们对于提高业绩也很重要。对于大多数人来说,绩效的提高在很大程度上取决于你个人。因此,你要学会自我训练的方法。

五只青蛙坐在圆木上,四只决定跳下去,还剩下几只?答:五只。为什么?因为决定做和真正做是有区别的。

马克·L. 费尔德曼(Mark L. Feldman)、
迈克尔·F. 斯普拉特(Michael F. Spratt)
《圆木上的五只青蛙》(*Five Frogs on a Log*)

你开展自我训练的目的是通过反思自己的行为来提高意识

和应对能力。成功的销售人员会重点关注自我训练的两种用途：令你持续进步的总体提高，以及某项技巧或能力的具体提高。

> 通过反思自己的行为来提高意识和应对能力。

令你持续进步的总体提高

这一点涉及培养反思的习惯——通常在每天结束时，或者在电话销售或面谈之后。其目的是更客观地了解你的表现如何。这就要求你提出问题并花时间充分思考答案，留意并质疑自己的任何假设。

以下是如何使用这种方法提高自己的两个示例。

与潜在客户或现有客户举行销售会议后

在会议结束后，立即花几分钟时间（请抵抗想要拖延的欲望——在对会议记忆犹新的时候就开始做吧）问自己几个关于此次会议各方面的关键问题，这样就可以让你更加客观地了解自己的表现如何。这些问题可能包括：

- 我有没有达到原定的目标？如果没有，事后看来，我当时具体能做些什么来提高成功的可能性？
- 考虑到我对会议的计划，我的目标在多大程度上是适当的并符合现实的？我能在计划中做些什么来改善结果呢？

- 我在这次会议中哪点做得好?
- 我从此次会议中了解到哪些关于自己的方法、技巧和行为的情况?
- 具体来说,我的哪些行为改善了客户关系?

在每天结束时

请在每天结束的时候花五分钟时间反思这一天中你的表现。养成这种习惯很有可能是提高你的能力和成功率的捷径。在此,你可以提出的问题包括:

- 我今天哪点做得确实很好?
- 今天我学会了一件什么事?
- 从今以后,我会做出哪些改变?

某项技巧或能力的具体提高

当确定了某项你想要提高的技巧或活动时,就可以集中对此进行自我训练。其训练过程和总体能力的训练过程大同小异,但增加了一些具体目标。这些目标是你围绕某项技巧或活动提前为自己设立的。

可以用你提升树立良好的第一印象的能力作为范例。

首先,你需要给理想中"良好的"第一印象下定义。也许你想要在潜在客户心中早些建立信任。这就要求你深入了解一些有关对方业务的信息，并且在与对方交谈的最初五分钟内展示出来。然后你可以开始反思自己此刻表现得到底如何。在1~10的比例尺上，10代表"完全可信的"，你认为此刻自己的位置在哪里？如果是两个月后呢？你想处于这把"潜在客户对我的信任"比例尺上的哪个位置？一旦设立了一个具体的目标，你就可以举行客户会议，并反思自己到底做得有多好。在这个范例中，面谈后你可能会问自己的问题包括：

- 我在会议中做了哪些事来建立客户信任？我什么时候这样做的？
- 我观察到这样的做法对潜在客户产生了什么影响（我看到和听到了什么）？
- 据我所知，这种行为是否达到了目标？如果没有，下次我能做哪些更多/更少/不同的事情呢？

养成自我训练的习惯将大大提高你的绩效——每天只要投入五分钟！你为什么不这样做呢？

> 养成自我训练的习惯将大大提高你的绩效。

来自同事的反馈

如果自我训练是你可以选择每天都做的事情，而无需任何人的支持，那么征求同事或销售经理的反馈意见就是你尽可能要做的事情。

我们得到的反馈之少实在令人惊讶。这通常是因为提供反馈意见的人没有接受过关于如何提供有效反馈的培训。良好的反馈应该是既客观又具体的。像"你在这次面谈中做得很好"这样的反馈几乎毫无用处。诸如"我们将如何助他一臂之力的话题真正吸引了潜在客户"这样的反馈稍好一点，但还缺乏真正有用的细节。而"当你询问客户的业务，然后指出我们的产品能解决客户最大的难题"这样的反馈则要好得多，因为它告诉你具体哪点做得出色。无论你想通过反馈来提高哪方面，以上道理都适用。来自同事的反馈如"在会议开始时，我注意到你问了两个问题（给你举例），当潜在客户没有立即回答时，你给了他两个可供选择的答案"与"你需要提高你的提问技巧"相比，前者要实用得多。

此处的重点在于，能否从同事或销售经理那里得到你想要的反馈完全取决于你。请不要假设：(1) 他们一定会给你反馈；(2) 他们知道如何给你优质的反馈。

如果在任何一次销售活动中，你能有机会与人共事，那么请想好你将重视具体哪方面的反馈。请确保你能获得具体的、坦率的、客观的反馈意见。这种反馈是一份真正的厚礼。来自除你以外的其他人的客观真实的反馈，可以真正提高你的意识和绩效。

你无法教会别人任何事。你只能帮助他自己去发现。

伽利略
意大利天文学家

精彩回顾

自我训练可以保证提高你的销售绩效。在本章中，我们发现：

- 成功的销售人员会进行自我训练，而且每天只花五分钟。
- 自我训练能提高你的意识，具体方法就是提出关于自己绩效的良好的开放式问题，并客观地对答案进行反思。
- 你可以开展自我训练来促进总体提高（方法是回顾你一天的工作）或者提高具体技巧。
- 向同事征求反馈意见也是帮助你进行自我训练的方法。
- 清楚了解你想要的反馈，确保它既客观又具体。

销售中有项重要工作值得我们为之集中时间和精力，那就是销售流程和我们自己的准备工作。下一部分将探讨这项内容。

第二部分

流程与计划

几年前，我曾约一位潜在客户面谈。我到达她的办公室时，时间非常紧迫（因为我没有事先计划好行程及其所要花费的时间）。我匆匆忙忙地用几分钟的时间在车里准备了一份议事日程（这本该是提前发给她的）。当真正见到这位潜在客户时，我因没有事先规划好任何要问的问题，所以无法按照我需要的方式来引导面谈。最终我丢掉了这笔生意！

　　我还记得自己管理过一支销售团队，其中有两位截然不同的员工。其中一位约谈了许多潜在客户，提出了很多计划书，并赢得了大量业务。他成功的原因是埋头苦干，潜在客户数量众多，因此在任何一个月里都会有一些客户向他购买产品。但他从来都不知道下一个买家会是谁。他通过"全面撒网、重点捞鱼"的方式，而不是计划一个系统的方法来获得他想要的结果。另外一位销售人员的潜在客户数量不多，但她非常了解这些客户在销售流程中的具体位置，以及自己的下一步计划是什么。她的精确令人印象深刻，而且似乎总能做好长远预测。当你管理一家企业时，可预测性是极其重要的。我开始高度重视她的精确性。随着时间的推移，因为她对自己的客户以及对方在销售流程中的位置了如指掌，我们就可以想办法提高她的业绩。

　　第一个故事是关于计划的，第二个则是关于流程的。我们在为本书做调研的时候，曾努力为每章每节寻找一些能启发读者灵感的名人名言。很显然，关于流程和计划的励志名言屈指可数！甚至可以说，很多销售人员不喜欢或者看不到关注流程和计划的价值。虽然"流程"和"计划"这两个词与灵感似乎毫不相关，但在关于卓越销售力的内容中，它们举足轻重。因为得心应手的流程和计划：

- 能够为你取得理想的业绩而进行的所有活动提供支持和框架；
- 能够帮助你牢记真正的重点；
- 能够确保你从参与的活动中获得最理想的结果。

本部分将回答以下问题：

- 销售流程中的重点步骤是什么？它们为什么如此重要？我在每个步骤中的头等大事是什么？
- 我如何最大可能地利用时间？
- 花时间做计划会令我工作的哪些方面真正受益？
- 我应该关注哪些与销售相关的信息？它们将如何帮助我取得理想的业绩？

关注流程和计划花不了多少时间，却往往会造成天壤之别。它决定了你的销售业绩是持续稳定，还是像有些人那样在压力下循环着"时好时坏"。这一点正是成功销售人员与普通销售人员的重要区别。

第 6 章

把销售流程当作提升业绩的工具

我们每天做的事情都涉及流程，包括清洁牙齿和准备上班。我们对某些流程得心应手，对另一些却力不从心。

> **精彩定义**
>
> 流程可以被定义为"为实现或完成某事而进行的一系列的行动或步骤"，它意味着要向预期的最终结果前进。

无论销售哪种产品，可能都会涉及一系列你可以或者必须遵循的步骤，从与潜在客户的初次对话开始，一直到交易的达成。根据你的市场、产品、服务和买家的不同性质，可能会有一些具体的细微差别和不同的流程步骤。在本章中，我们要与你分享一个可以应用于各种销售环境的简单的销售流程。你可以把它当作提高认识的工具，用它来了解你的时间最好花在哪里才能取得理想的业绩，同时，你也可以根据实际情况对其做出调整。

这个流程的意义何在

关于这个问题，过去，曾有销售人员这样问过我。他们会说一些诸如"你不能把我所做的事情套进一个简单的流程"以及

"每一次销售都千差万别"之类的话。这些话从某种意义上讲可能是实话,但是拥有销售流程并遵循它的好处主要在于,我们可以在每个步骤中监控和评估自己的绩效。这让我们能够在流程的每个步骤都再接再厉,从而提高自己的销售业绩及其稳定性。

成功重在过程,而不在结果。

佚名

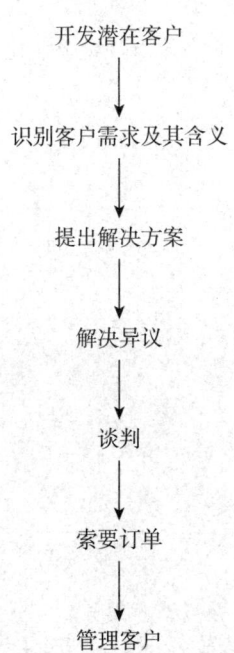

上图总结了这个"通用"销售流程的七个步骤。各步骤的主线就是建立共鸣和信任。事实上,你需要在销售流程的每一步都对此有所体现。我们将在本书的第三部分探讨共鸣和信任。

在本节中，我们将研究这个流程的每个步骤，并总结每一步的相关内容、遇到的一些常见问题，以及你的头等大事应该是什么。

1. 开发潜在客户

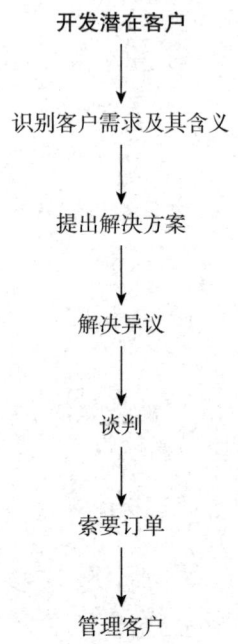

虽然开发潜在客户的定义仁者见仁、智者见智，但我们认为该术语概括了为你的产品或服务定义潜在客户、瞄准目标客户以及评估潜在客户购买资质的所有相关活动。对于大多数销售人员来说，如果不投入足够的时间去开发潜在客户，那么客户资源很快就会枯竭。即使行情很好，我们也需要以新开发的客户来填充销售漏斗，以便能够拥有源源不断的客户来向我们购买产品或服务。

这一步骤涉及哪些内容

- **定义可能的潜在客户**。在吸引潜在客户之前，你需要确定对方的形象。根据你的环境和市场提出问题，这些问题很可能包含以下问题的变形：

  * 具体来说，谁会向我购买？

  * 具体来说，他们为什么向我购买？

  * 具体来说，我将在哪里找到他们？

  * 具体来说，我将如何从其他不太可能向我购买的人那里识别出他们？

  你有没有注意到以上各问题的主题？"具体"这个词对答案至关重要。我们对潜在客户的定义越具体，我们的销售工作就越有可能聚焦、明确，从而获得成功。

- **瞄准可能的潜在目标客户**。在定义了潜在客户之后，我们需要成功地瞄准目标客户。让对方收到关于我方产品或服务的醒目消息，并让双方开始对话的最佳方式是什么？

- **评估潜在客户的购买资质**。我们需要围绕销售流程来评估潜在客户的购买资质，并要判断对方向我们购买的可能性。最重要的是，在这一点上我们需要保持客观。我们很容易自欺欺人，认为与自己对话过的每一个人都意味着一笔潜在的订单。但是如果我们没有客观地评估客户资质,那就是在浪费时间,而这些时间本该被用在更有可能购买的人身上!我们需要建立客户资质标准——就是那些我们已经能够判断真假的大部分买家的情况。

有哪些常见的问题

- **不清楚潜在客户的形象**。我们可能会浪费时间与不可能或不愿意购买的人对话。
- **清楚潜在客户的形象,但没有采取行动**。我们可能会忙着跟明知不太可能向我们购买的人打交道。
- **没有开展足够的活动**。当行情良好时,我们可能会"放松"开发潜在客户的活动,导致业绩"时好时坏"。
- **没有尽早评估潜在客户购买资质**。如果我们没有客观地评估潜在客户的资质,就会让太多人进入销售流程的其他步骤,而我们将无法有效管理所有人。这远不如只带少量的潜在客户进入销售流程,但知道他们是值得你花费时间的正确人选!

> 确保你充分开展了开发客户的活动。

你的头等大事是什么

- **确保你充分开展了开发客户的活动**。如果你想获得平稳的销售业绩,就必须花时间开发潜在客户。这可不是当销售额不够时能临时抱佛脚的事情。

- 客观评估潜在客户的购买资质。请切合实际，根据客观标准做出判断。

结果

这个销售流程第一个步骤的结果是产生了有资格进入其他步骤的潜在客户。

本书的第四部分将重点探讨开发潜在客户的内容，它也是本书的重点部分之一，我们将为你提供更多的详细内容。

2. 识别客户需求及其含义

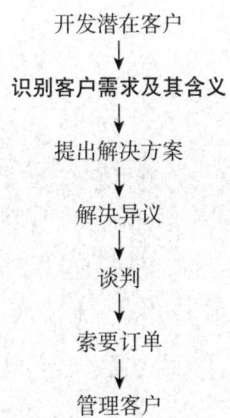

这个步骤的重点在于发现。你在此使用的重点技巧是提问和倾听。在人们决定购买之前，他们需要一个充分的理由。产品或服务要么满足了他们的愿望，要么打消了他们的顾虑。无论以上哪种情况，让对方按照你的想法采取行动的理由都必须比不采取行动的理由充分。对方需要看到你所提供的**价值**。

如果客户的需求没有得到满足，你就需要花时间去深入理解这些需求，并通过进一步询问，帮助对方看清楚这些需求的含义。

这一步骤涉及哪些内容

- **发现**。通过提问和倾听的技巧，深入了解潜在客户的具体需求。
- **打造购买决策的动机**。提出更多问题有利于将客户需求转化为客户采取行动的动机——想要购买。客户需要看到购买利益。

有哪些常见的问题

- **我们没有提出足够多的问题**。我们急于讨论自己的产品或服务，没有成功地将其与潜在客户的需求联系起来，或者没有给对方提供充分的购买理由。
- **我们妄自假设**。我们臆断自己了解客户的需求和关注点，因此要么不提问题，要么只提一些封闭式问题，这将阻碍我们与客户之间产生共鸣和信任。

你的头等大事是什么

- **充分理解客户需求**。这将使你能够在流程的下一步向客户提出为其量身定制的解决方案。

- **帮助客户建立必须购买的理由**。我们在向客户演说产品或服务之前,必须先使对方产生购买动机。

结果

成功的销售人员都很明白潜在客户的购买动机。在本书的第三部分,我们将详细探讨提问、倾听和分析客户需求的技巧。

3. 提出解决方案

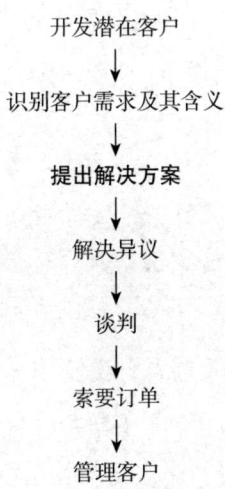

开发潜在客户
↓
识别客户需求及其含义
↓
提出解决方案
↓
解决异议
↓
谈判
↓
索要订单
↓
管理客户

提出解决方案涉及打造一个令人信服的理由,它能证明为何你的方案能满足潜在客户及其需求。这一步骤的重点在于换位思考。它可以是识别客户需求讨论的一部分,也可以是一次独立的会面或者讨论。此处的重点技巧是影响力。只有当你掌握了潜在客户的全部真实情况，并以此为基础进行销售演讲，才能成功地对客户施加影响力。

这一步骤涉及哪些内容

- **说明购买利益**。清楚地说出你的产品或服务将如何具体地满足潜在客户的需求。
- **客观评估客户反应**。评估对方的兴趣所在，并发现你需要关注的重点。
- **提供书面的销售计划书**。在某些情况下有必要这样做，正式或简化版计划书都可以。
- **销售演讲**。你可能需要对个人客户或团体客户开展演讲。

有哪些常见的问题

- **我们妄自假设**。假设内容可能包括潜在客户了解我们的产品或服务的优势、我们了解客户关注的重点，以及我们了解客户购买这类产品或服务的途径。
- **我们只讲述产品特点**。我们只向客户解释产品或解决方案的基本特点，而没有说明它能给客户带来的购买利益。
- **我们演讲的对象不正确**。我们没有考虑到其他决策者或购买流程中可能出现的其他步骤。

你的头等大事是什么

- **用潜在客户的语言阐明购买利益**。使用客户在识别需求步骤中所说过的词句把你的产品或服务与客户需求联系起来。

> 用潜在客户的语言阐明购买利益：用对方说过的词句。

- **发现**。发现促成交易所需的任何额外步骤或信息。
- **影响决策者**。使你的产品或服务的价值或购买利益超过对方按兵不动的"成本"（可以动之以情，也可以晓之以理）。

结果

产生了笃信你的产品或服务的购买利益的买家，并发现了你需要采取哪些行动才能达成交易。

本书的第五部分将更为详细地探讨如何提出解决方案。

4. 解决异议

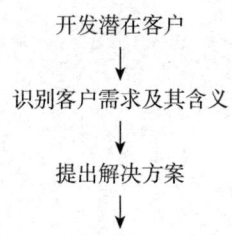

许多销售培训课程都大谈特谈"克服"或"消灭"异议,但这样说暗示着异议就是障碍,而不是促成交易的催化剂。其实异议通常只是客户想要了解更多信息的要求,是销售流程中正常的环节,它们表明潜在客户对你的产品或服务产生了兴趣,并正在思考如何接受你的产品或服务。

这一步骤涉及哪些内容

- **让异议显露并表示欢迎。**如果你不让异议显露,就无法成功处理它们。
- **充分理解异议。**你需要提出更多的问题来清楚地理解异议。
- **正确而彻底地处理异议。**你需要认真对待异议,并确保解决它们。
- **向潜在客户核实。**在潜在客户对异议的处理感到满意之前,不要继续推进。

有哪些常见的问题

- **我们逃避异议。**我们可能会害怕异议,因此尽量避免与它们打交道。
- **我们没有有效地处理异议**。我们拿出了办法，但没有核实这个办法是否真正解决了潜在客户的顾虑。

你的头等大事是什么

- **对异议持欢迎态度**。你对异议的看法将会影响你处理它们的方式。请把它们当成客户想要了解更多信息的要求。
- **花时间解决异议**。完全彻底地解决异议，而不是匆忙拿出你自以为能够解决问题的办法。
- **不要继续推进，直到你知道异议已经解决**。除非你已经解决了异议，否则潜在客户的脑海里仍然存有疑虑——急于推进会降低你达成交易的可能性。你需要核实异议的解决是否令客户满意。

结果

潜在客户没有实质性的理由不向你购买。你可以自由地开始谈判，并在没有任何未解决问题（除了合同条款）的情况下进入索要订单的步骤。

本书第五部分将更为详细地探讨如何解决异议。

5. 谈判

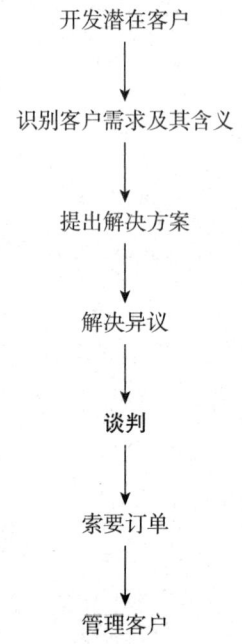

严格来说，谈判并不是销售流程中必不可少的环节。虽然这听起来可能有点奇怪，但理想的做法是在开始谈判之前就让潜在客户从情感上接受你的产品或服务。如果对方原则上已经同意购买，那么只需要谈判具体合同条款就可以了。如果你过早开始谈判，就会让对方的购买**决策**牵扯合同条款，从而可能需要你打折或者做出其他让步。

这一步骤涉及哪些内容

- 达成一致的合同条款。合同条款可以包含除价格以外的许多内容；谈判涉及就整个合同方案达成一致（无论其中包含哪些内容）。

- **交易让步**。为达成一致的合同条款，你可能需要给潜在客户一些好处（例如，延长付款期限）。作为回报，你可以向客户要求一些好处（例如，承诺购买一定数量的产品）。

有哪些常见的问题

- **我们妄自假设谈判是必需的**。这会导致我们在客户提出要求之前就谈到折扣。销售人员可能过于通融了！
- **认为一切都是价格的问题**。不要因为自己心怀恐惧而去臆断客户的意图——购买通常无关价格而关乎情感。
- **没有将产品与它为潜在客户带来的价值相联系**。我们需要不断建立这种联系，而不是避开购买行为会给客户带来的利益，完全孤立地去谈判合同条款。
- **给予而不是交易**。我们可能会妥协同意客户提出的折扣或延长付款期限的要求，却不求任何回报。这在双方关系中不是一个好的先例。

你的头等大事是什么

- **达成互惠互利的协议**，而不是只利于你或者潜在客户的协议。

结果

达成交易再无障碍。本书的第三部分将更为详细地探讨如何谈判。

6. 索要订单

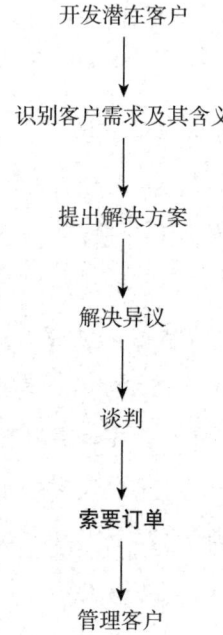

如果你很好地完成了销售流程的其他步骤，从始至终都与客户有着共鸣和信任，这一步就易如反掌了。实际上，这一步的重点在于索要订单。

这一步骤涉及哪些内容

- 核实你是否解决了所有异议。在你索要订单之前，有必要核实是否所有的异议都已经得到了令客户满意的解决。
- 选择索要订单的最佳方式。思考哪些方式最为有效。
- 开口索要吧！

有哪些常见的问题

- 我们可能会推迟索要。我们可能不好意思索要订单，这将导致我们要么推迟索要，要么让自己的请求听起来饱含歉意。
- 我们可能会过早索要。如果我们在解决掉所有异议之前索要订单，就很可能会得到"不"的答案。

你的头等大事是什么

- 思考索要订单的时机和方式。
- 赢得客户承诺！

结果

签订了互惠互利的订单。本书的第五部分将更为详细地探讨如何赢得客户承诺和达成交易。

7. 管理客户

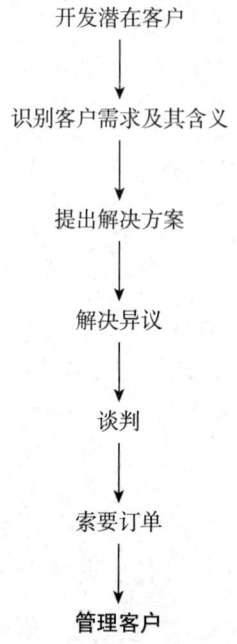

对于你们中的少数人来说，每一笔交易都要面对一位新客户。但是对于大多数人来说，销售就是创建一种不止一笔交易的长久关系。如果你符合后一种情况，那么管理客户关系就是销售流程的重要环节。向现有客户销售比赢得新客户要容易五倍，因此努力维护良好的客户关系是非常值得的。

这一步骤涉及哪些内容

- **关注客户关系**。如果客户觉得你只对销售感兴趣，就无法看到双方关系的价值，那他们在未来就可能会跟其他人合作。因此，请定期与客户保持适当的联系。请确保你了解目标群体中"正确"的那些，并与他们建立客户关系以帮助你巩固地位。
- **努力创造价值和见解**。你的做法可能会因市场而异，但成功的客户经理会随时全力以赴地为客户创造价值。

有哪些常见的问题

- **没有为此留出时间**。这是一个重要但非紧急的任务，所以我们往往把重点放在其他事项上。
- **只关注一位客户**。如果我们只关注一位客户，就会使自己身处险境。如果对方离你而去怎么办？那时我们的客户关系从何谈起？

你的头等大事是什么

- **把客户关系发展到信任的更高层次**。我们需要围绕发展客户关系来设立目标，给竞争对手设置障碍，最大限度地提高未来交易的可能性。

结果

此处的结果可能因具体情况而异，但在理想情况下，应该是以信任为基础建立起广泛而深入的客户关系，并因此带来更多的交易。

在本书的第六部分中，我们将更为详细地探讨如何管理客户关系。

精彩回顾

拥有简单的销售流程并遵循它对我们的业绩大有裨益。虽然你遵循的具体流程可能与本书介绍的有所不同，但重点在于以下几点。

- 通过明确定义销售流程中的步骤，你可以更加客观地监控和测量自己在每一步中的表现，从而提高绩效及销售平稳性。
- 在销售流程中的每个步骤，成功的销售人员都需要与客户产生共鸣和信任。
- 容易妄自假设是销售人员在流程的每一步都会遇到的常见问题——我们需要努力保持客观才能提高绩效。

当我们拥有了可以遵循的明确的销售流程，接下来就需要选择怎样利用时间才能最有效地销售。下一章将探讨这项内容。

第 7 章

充分利用时间做正确的事情

销售人员老生常谈的就是没有足够的时间去完成所有工作。在销售行业，我们总有做不完的事情：要打电话给更多的潜在客户；要访问更多的现有客户；要做更多的行政管理工作。完美销售人员所掌握的重要技能之一就是如何充分利用时间。他们知道在哪里花时间能获得最大的回报，而不会将行动与业绩混为一谈。

> 不要将行动与业绩混为一谈。

时间是有限的，我们无法改变这一点。我们只能尽力而为，了解自己的时间花在了哪里，并思考它是否花在了正确的事情上。我们的个人习惯加上外在的和内心的压力，导致我们的时间都花在某些行动上，而牺牲了其他行动。在判断出"正确的事情"之后，我们可以选择改变自己的习惯，以确保做完这些正确的事情。

时间就是金钱。

本杰明·富兰克林（Benjamin Franklin）
美国政治家

你能够控制什么

在《高效能人士的七个习惯》(The 7 Habits of Highly Effective

People)一书中,史蒂芬·科维(Stephen Covey)详细描述了高效能人士的日常习惯。其中一个习惯就是只把时间花在那些自己能够控制或者影响的事情上。也许你会觉得这是常识,但是你平时是否发现自己经常花时间为那些无能为力的事情烦恼或担心?当成功的销售人员意识到自己正在做无用功时会及时叫停,并只关注自己能够控制的情况。例如,在经济萧条时期,你很容易花大量时间去担心情况有多么糟糕透顶,以及竞争对手多么虎视眈眈渴望得到你孜孜以求的业务。如果你问问自己在这种情况下能够控制什么,就可能会意识到经济情况对每个人来说都是一样的,你的努力最好用来深化与潜在客户和现有客户的关系。这样能帮你开发出更多的竞争优势。虽然这种方法不会使问题凭空消失,但它的确可以让你处于更加强大的立场,因为你选择把重点放在了自己可以采取行动的事情上。

> 把时间花在那些你能够影响和改变的事情上。

精彩小贴士

对于你发现自己所面临的任何问题,请问问自己"我能控制或者影响这个问题的哪个方面?"然后在这方面花时间。如果你无法控制它,那么就请继续前进,把时间花在那些你能够影响和改变的事情上。

什么是"正确"的事情

一旦下决心只关注自己能够控制的事情，我们就可以转而关注自己正在做出的选择。此刻我们把时间花在了哪里？我们经常花时间去做自己擅长或喜欢的事情，也会花时间去做因为外界的压力而不得不做的事情。随着时间的推移，我们很容易变得被动，在自己集中时间和精力去关注的事情上，反而无法做出自觉的选择。

我们的时间有限，而且还要尽可能地提高效率和绩效，因此我们需要做出自觉的选择。但是怎样做到这一点呢？如果此刻在做的事情不正确，我们又该如何为正确的事情抽出时间呢？我们并没有大量的空闲时间等待填补！

> 行动不重要，你取得的业绩才重要。

我们必须首先质疑自己做事的优先顺序。除了根据自己的偏好做出选择之外，我们很可能会对自己认为紧急的事情做出反应，但这些行动不一定会推动我们的销售。推动销售的事情是重要的，但不一定是紧急的。一些重要但非紧急的事例如下所示。

- 在每天结束时反思我们的绩效，以判断哪些做法行之有效，以及明天的做法会有何不同。
- 为与潜在客户面谈而拟定会议日程。
- 研究潜在客户的企业，以便深入了解对方的业务。
- 围绕销售过程中我们需要改进的步骤设立具体的目标。

在忙碌一天后，很容易看到以上事情是如何被错过的。成功的销售人员会确保完成这些重要但非紧急的任务。请记住，行动不重要，你取得的业绩才重要。

人们永远能够抽出时间去做自己想做的事情；人们真正缺少的不是时间，而是动机。

约翰·卢伯克爵士（Sir John Lubbock）
英国银行家、政治家

抽出时间做正确的事情

一旦我们确定了为获得最高销售业绩而应该关注的重点，按照逻辑，下一个问题就是，我们该如何抽出时间做这些事情。秘诀不是竭尽全力挤出大量的时间，因为这根本不现实。也许我们最多可以预期（方法是通过为当前重点关注的事项重新排列优先顺序）每天花 15～20 分钟在重要的任务上。如果想要实现短时高效，那么我们就要确保为这些任务设立可控的目标。请记住我们的任何行动都很有可能会带来好处。

下面的表格列举了可以作为可控目标的一些事项。

重要任务	可控目标
提高同意与我面谈的潜在客户的数量	• 监测我的通话结果，以便取得与我面谈的潜在客户所占比例的精确数据（5 分钟） • 请经理听我打电话，并给予客观的反馈意见（15 分钟） • 打完电话后立刻反思，判断哪些说法行之有效，哪些无效（5 分钟）
提高一天内我可以访问的潜在客户的数量	• 为我的面谈制定具体的议事日程，以便我能关注重点并控制面谈时间（10 分钟） • 提前计划行程，以便我在该地区访问更多的潜在客户（坚持去做，但每天不要超过 5 分钟）
提高我的转化率	• 回顾最近六个月的潜在客户和销售订单数量，以便知道我的转化率，并据此设立转化率目标（15 分钟） • 重点提出一些良好的开放式问题用于识别客户需求（15 分钟） • 思考我遇到的常见异议，并改进推介产品的演讲方式以更好地应对这些异议（20 分钟 ×3 天）

你无须费力就能想出自我提高的短期目标，然后你只需要把

这些任务写进日记并付诸行动。你会发现，你越是选择围绕重要任务来设立可控目标，就越能实现这些目标。随着时间的推移，这样做将显著提高你的绩效和业绩。

精彩练习

请列出一些能够真正提高你的绩效的重要但非紧急的任务。把你需要做的事情写得越具体越好。然后将各任务分解成20分钟内可以完成的相对较小的短期目标，根据它们可能产生的积极影响大小来排列优先等级，并写进日记。本周请至少努力完成其中一个目标。

重要的事情决不应该受到琐事的牵累。
——约翰·沃尔夫冈·冯·歌德（Johann Wolfgang von Goethe）
德国作家

精彩回顾

管理和使用时间的方式对我们的销售绩效和业绩有着直接而显著的影响。在本章中，我们探讨了以下几点。

- 成功的销售人员会花时间做正确的事情——他们积极且主动。

- 请有意识地只把时间花在那些你能够控制或影响的事情上。花时间关注或担心你无法控制的事情等于浪费时间,并不利于你的业绩。
- 请思考你如何为行动排列优先顺序,以及你目前的时间都花在哪些行动上。这些行动往往要么是我们喜欢做的,要么是因为压力而去做的。这完全不同于重点去做能够推动业务发展的重要任务。
- 如果想要花更多的时间去做重要但非紧急的任务,你首先需要判断这些任务是什么。
- 把这些重要的任务分解成每天不超过20分钟即可完成的小目标。
- 一段时间后,"每天20分钟"的行动将累积起来,显著提高你的销售绩效。

作为销售人员,我们有一项重要但非紧急的工作任务,那就是制订计划。花时间制订计划能够让你事半功倍。但是,我们如何从计划中获得最大的收益?重点是什么?请阅读下一章以了解更多的信息。

第 8 章 养成为所有工作制订计划的习惯

制订计划意味着在采取行动之前想好办法、程序或方法。下面这段来自企业家唐纳德·特朗普（Donald Trump，现任美国第45任总统）的话很好地印证了制订计划的好处：

创业初期，我曾花费大量时间研究与我感兴趣的交易可能相关的每一个细节。现在的我依然如此。人们总是说我雷厉风行，但是我能够快速出击是因为提前做好了准备，这一点往往不为人知。我总是未雨绸缪，一旦可以出发，就已经准备好要冲刺了。

制订计划是另一件我们知道自己应该做、却自欺欺人认为自己已经做得足够好的事情。成功的销售人员所制订的计划不是关于业绩，而是关于行动，并且能够把握重点。在销售领域，很多"计划"实际上就是销售目标。例如，我们可能会制订关于收入或利润的销售计划。而如果想要取得理想业绩，我们就需要为销售工作的方方面面都制订计划。我们所做的每项工作几乎都能因计划而受益。制订计划的主要好处是，我们可以更加全面、客观地了解自己需要做些什么来实现目标，并确保不会遗漏能够影响结果的重要工作。

> 我们所做的每项工作几乎都能因计划而受益。

计划就是将未来带到眼前，以便你现在就可以着手改变它。

艾伦·拉金（Alan Lakein）
美国个人时间管理专家

让我们来研究一下我们可以为哪些具体工作制订计划，以及在制订计划时我们应该考虑哪些问题。以下各项只是举例，不是确切的列表。

为开发潜在客户活动制订计划

正如下表所示，我们可以针对开发潜在客户活动的各方面制订计划。

开发潜在客户所需要的时间	用销售指标除以平均订单价值，你就可以得出需要销售的订单总量。通过使用当前的客户转化率，你可以得出需要联系的潜在客户总数，然后乘以产生每位潜在客户的时间（方法可能是你自己开发潜在客户的活动，例如拨打陌生拜访电话），从而得出所需要的时间总量。然后就可以在你的工作日历中计划此项活动 例如，如果我的平均订单价值是 1000 英镑，而我本年度有一个 20 万英镑的新客户销售指标，那么我就知道自己需要在 12 个月内完成 200 个订单才能实现目标。如果我知道每 3 个潜在客户可以转化出 1 个订单，那么我就需要 200×3 个潜在客户来完成自己的销售指标。现在我可以计划需要花费多少时间才能利用现有的或者可能的开发客户活动去产生 600 个潜在客户
我们的客户联系策略	我们可以计划如何以最佳方式联系潜在客户。我们可能早有联系策略，但却选择头脑风暴来产生新想法，以打动相同或不同类型的买家。根据这次头脑风暴的结果，我们可以制订出一个详细的计划
关于我们的重要信息	我们可以计划如何以最佳方式向潜在客户说明自己产品或服务的优点和不同之处。客户对信息的兴趣会因人而异
如何提高客户转化率	只要我们了解自己的转化率，就可以制订计划来提高它们。例如，我们可以更改销售流程中的几个工作节点并检查结果

为销售面谈制订计划

成功的销售人员会花时间来为销售面谈制订计划,从而最大限度地提高完成销售指标的可能性。制订计划往往无须花费太多时间,却收效显著。我们知道很多销售人员在这方面从不计划——他们约见客户并"即兴发挥"。其实只要投入一点时间去计划,他们就可以事半功倍。

与潜在客户面谈	研究潜在客户,例如: • 使用互联网安排面谈的议事日程 • 计划要提出的关键问题 • 思考会有哪些参会人员 • 为自己的行动预测结果——你想要达到什么目标
提出解决方案	• 思考潜在客户需要知道哪些内容 • 与潜在客户换位思考,以引起更多共鸣 • 计划如何让你阐述的观点清晰明了、引人入胜 • 可能会出现哪些问题?你将如何解决? • 如果与他人合作演讲,各自的任务是什么?如何成功对接
内部销售会议	• 做好必要的准备 • 了解会议中大家期待你如何表现 • 思考议事日程上的问题,以便对其有所贡献 • 阅读上次的会议记录,并酌情采取行动

为高效利用时间制订计划

访问现有客户/潜在客户	• 计划访问区域和访问数量,以最大限度地提高你对时间的利用率 • 思考议事日程实际需要多少时间

续前表

联系客户	计划你需要多久联系一次现有客户和潜在客户，并为此项活动制定时间表
行政工作	• 如果你发现在面谈前后或者路上还有点时间，带些自己方便做的行政工作 • 计划出时间以完成这些行政工作

关于制订计划的提示

今天的好计划胜过明天的完美计划。

佚名

我们往往需要在千变万化的环境中制订计划。我们不太可能掌握十全十美或者完整的信息，还必须抵抗陷入"计划瘫痪"的诱惑。请不要让追求完美阻碍你制订好计划。屡见不鲜的情况是，我们制订了计划，却在开始实施时发现情况有变。不过，这样也没有关系。如果没有计划，一切就会杂乱无章，让我们很难总结哪些做法行之有效，哪些做法需要改变。一旦你制订了一个好计划，最好立刻实施，而不是努力再提高5%，非要从85%提高到完美的90%。

请记住，你无须算无遗策；你只需计划正确的事。另外，最好的计划往往最简单——它们更容易掌控。如果你养成了为重要工作制订计划的习惯，例如议事日程和思考潜在客户可能在销售演讲中所提出的问题，你会

> 最好的计划往往最简单——它们更容易掌控。

惊讶地看到多花一点时间能带来更大的改变！

提前计划是值得的。诺亚建造方舟的时候并没有下雨。

佚名

最好先制订计划，再开展相关活动。如果你太迟开始计划，就会在压力下急于求成，计划的效果就会大打折扣。如果你一边开展活动，一边制订计划，也很难客观看待全局。

 精彩回顾

在本章中所探讨的关于制订计划的重点是：

- 很多计划实际上是销售指标，所缺少的是关于"方法"，而不是"目标"的考虑。
- 你应该专注于制订好计划——不要被"完美"所困扰。
- 通常情况下，最能产生积极影响的计划往往只用最少的时间制订。其中包括会议议程、潜在客户可能提出的问题，以及研究现有客户，以便为客户创造价值。
- 先制订计划，再开展活动，这样更容易做到客观，也更方便在事后总结经验。

设立目标是计划的重要组成部分。下一章我们将探讨如何才能确保自己设立了正确的目标以助力成功。

第 9 章

设立可控目标,取得理想结果

前段时间，我打算去车市买一辆新车。我翻阅了各类杂志，选好了厂商、车型、颜色和规格。第二天，在访问客户回来的路上，我惊讶地看到居然有那么多同厂同色同款车正在路上奔驰。问题是，在我选择它之前，这些汽车已经在路上行驶了。我曾经看到过这些车，但是我的大脑从未留意过它们，因为我从来没有"告诉它"我对此感兴趣。你是否也曾经有过这样的经历？当你设立了一个目标，有了具体的关注点后，你的大脑就开始留意那些与目标和实现该目标有关的事物。奇怪吗？我的合著者杰里米去任何新城市拜访客户时都会不自觉地注意到美发沙龙，因为他曾经在巴黎欧莱雅公司工作！

> 成功的销售人员会自行设立目标。

没有目标，也没有实现目标的计划，就像航船没有目的地一样。

菲茨休·多德森（Fitzhugh Dodson）
美国临床心理学家

设立目标在销售中至关重要。我们往往以指标的形式获得销售目标，但成功的销售人员会自行设立目标。目标大小不同，形式各异，任何你想要取得具体结果的活动都可以而且应该被设立目标。目标令我们集中精力，告诉我们的大脑什么才是重点，好让它去留意帮助目标实现的事物。

实现结果的目标

设立完美的目标有几条黄金法则，根据以下标准检验，你为自己设立的任何目标都必有收获：

- 这个目标可控吗？
- 这个目标符合 SMART 原则吗？
- 这个目标能鼓舞你的斗志吗？

这个目标可控吗

请确保任何目标的设立都围绕了可控的内容。例如，如果你想要成为公司的高级销售人员，或者想要在一年内晋升为销售经理，那就请关注可以实现该结果的可控因素，并据此设立目标。

> 我们设立的目标必须是可控的。

精彩案例

理想结果	成为团队中的高级销售人员
我不能控制什么	其他销售人员的销售额
我能控制什么	我自己的绩效，具体到我做了多少开发潜在客户的活动，我所实现的转化率和平均订单价值
可能的目标	每周至少花三小时的时间 在上午 8 时至 9 时 30 分之间，给潜在客户打电话 达到 3∶1 的转化率，把"潜在客户"转化为"合格的客户人选" 平均订单价值达到某个值或更高

设立宏伟的目标的确重要——它们能赋予我们灵感和动机——但是我们设立的目标必须是可控的,这将有助于我们取得理想的结果。

这个目标符合 SMART 原则吗

SMART 是以下英文单词的首字母缩写,具体意思如下。

- 具体性(Specific)。我想要什么?在哪种情况下,与哪些人?请尽可能把目标具体化。例如,"我想要成功"的说法不够具体,而"我想在地方政府部门建立一个客户数据库,里面有 40 个客户,平均订单价值为 x"的说法则是具体的。
- 可量化(Measurable)。具体来说,我如何知道自己已经实现了目标?量化的标准是什么?
- 可达成(Achievable)。我设立的目标是否符合实际情况?我能实现它吗?我需要其他人的支持或者帮助吗?
- 相关性(Relevant)。该目标是否与我的其他目标以及理想相关?
- 时限性(Time-bound)。选择一个具体的日期,而不是语焉不详的"明年年中"。你的大脑更想要一个具体的截止日期。

这个目标能鼓舞你的斗志吗

这个问题听起来可能很奇怪,但并不是所有的目标都能令我们斗志昂扬。有时候我们设立的目标要么过于宏伟，要么过于遥远，似乎不够"现实"，因而无法鼓舞我们的斗志。就算这个目标能够鼓舞人心，有时我们还需关注那些更容易看到成就的目标。请确保为你的那些宏伟的长远目标设立临时的里程碑式的目标。

例如，如果你希望自己的产品在三年内成为行业市场的引领者，那么可以在未来一年内设立关于客户数量和类型的里程碑式的目标，在第二年内设立关于客户推荐的最低数量的里程碑式的目标，等等。通过沿途设立里程碑式的小目标来实现最终的宏伟目标，你就能够获得最终的胜利，请确保不要脱离目标轨道并保持斗志满满。

我们在销售中设立目标的目的

目标对销售工作中的两个方面有着重要的意义：

- 我们的个人绩效；
- 我们想从具体销售场景中得到什么。

个人绩效

分解销售绩效，为你最想发展或者最想提高的方面设立具体目标。这些目标可能包括：

- 我在开发潜在客户活动中所花费的时间；
- 我在销售流程的每个步骤所实现的转化率；

- 我取得的销售额；
- 为了识别客户需求，我所提出的问题的数量和质量；
- 每周我所沟通的现有客户数量；
- 我请求和受到现有客户推荐的次数；
- 我所联络到的董事级别的客户的数量。

具体销售场景

请思考你将要或者正在面对的具体销售场景，并为其设立目标。这些目标可能包括：

- 我想从此次与潜在客户的面谈中获得什么；
- 我想从此次拓展客户关系网活动中获得什么；
- 我想从对这位潜在客户的研究中发现什么；
- 我参加这个培训课程具体想要学到什么；
- 我想在今天结束之前完成什么。

目标渺小则成就渺小；目标远大则成就伟大。

亚伯拉罕·林肯（Abraham Lincoln）
第 16 届美国总统

成功的销售人员会养成设立目标的习惯：具体到每年、每月、每周、每天、每次面谈。

精彩回顾

如果我们在销售中设立切实可行的目标，就更有可能取得理想的结果：

- 设立目标可以使大脑留意到那些能够帮助你实现目标的事物；
- 成功的销售人员围绕绩效和具体销售场景设立目标，例如面谈和每天都想要实现的目标；
- 重点围绕那些你能够控制或影响的事情设立目标；
- 把宏伟目标分解成更小的里程碑式目标，使它们更能鼓舞你的斗志；
- 确保目标的具体性、可量化、可达成、相关性和时限性。

我们可以为许多销售工作设立目标。下一章将探讨我们所能获取的销售信息，我们应该用它们来指导自己设立目标。

第 10 章

有效地利用销售数据

毫不夸张地说，多数销售人员进入销售行业并不是来分析数据的。虽然销售工作主要是与人打交道，但是数据也是至关重要的一环。我们应花时间理解数据，解读它们，并利用它们提高自己的绩效和业绩。

数据就是一个客观窗口，通过它可以看到我们取得某个业绩的原因。数据还是一种线索，告诉我们还可以采取哪些行动。没有数据，你就无法全面掌控自己的销售工作，而当你开始注意到某个潜在的问题时，很可能已经太迟了！

员工永远只知道方法，老板却永远知道原因。

黛安娜·拉维奇（Diane Ravitch）

美国教育历史学家

你在销售中应该注意哪些数据

这取决于你销售的产品、方式及对象。但以下列举的一些数据和信息值得你关注：

- 你的市场的情况。这可能包括市场趋势、重点问题、交易方式的变化等。
- 潜在客户/现有客户的情况。与竞争对手相比，他们的情况如何？他们目前的问题有哪些？他们的年终报告说明了什么？与过去三年相比，今年他们给你带来的收入/利润如何？
- 公司内部其他销售人员的情况。他们的收入、利润率、销售管线①数据等都是多少？
- 你自己的情况。围绕评估绩效的重要指标而进行的季度对比、年度对比。

你应该如何使用数据

首先要确保你客观看待数据分析的结果。我们很容易基于假设或者自欺欺人的想法去解读数据。数据的功用之一就是帮助我们提出可以检验的问题和假设。在检验这些想法的过程中，我们可以获得更多的信息，从而据此做出销售决策。

> 确保你客观看待数据分析的结果。

---

① 销售管线（也叫销售漏斗）是科学反映机会状态以及销售效率的一个重要的销售管理模型。通过对销售管线要素的定义（如：阶段划分、阶段升迁标志、阶段升迁率、平均阶段耗时、阶段任务等）形成销售管线管理模型；当日常销售信息进入系统后，系统可自动生成对应的销售管线图，通过对销售管线的分析可以动态反映销售机会的升迁状态，预测销售结果；通过对销售升迁周期、机会阶段转化率、机会升迁耗时等指标的分析评估，可以准确评估销售人员和销售团队的销售能力，发现销售过程的障碍和瓶颈；同时，通过对销售管线的分析可以及时发现销售机会的异常。销售管线是一个科学有效的管理手段和方法，尤其对直销模式的销售管理能够带来极大的帮助。——译者注

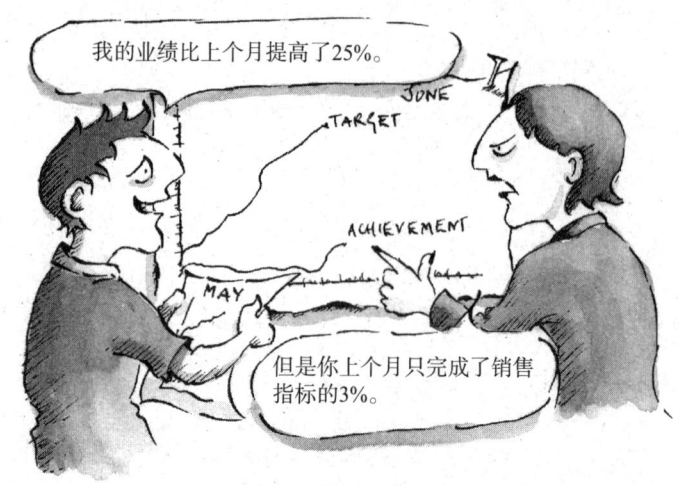

对数据的解读要保持客观性和相关性!

例如,如果月度销售数据显示,你的某个产品的平均订单价值是 x,而这个值比一半的同事要低 12%,那么我们就要做以下几件事:

- 以我们在一个月内所完成的该产品的订单数量为基础,弄清楚在销售额方面增长 12% 意味着什么。这样做将会使我们产生提高销售额的斗志。
- 研究我们的同事代理的所有产品的销售数据,看看是否存在某种销售模式;也可以看看他们成功销售的其他产品。这将让我们更全面地看待数据。
- 制订行动计划。例如,与同事探讨一下他们为销售某个产品做了哪些相关工作。

销售管线数据

销售高手会管理自己的销售周期——销售管线。通过管理销售管线，他们能够更加客观地了解管线中各个阶段的相关活动及其数量是否足够取得理想的业绩，同时也消除了销售的波峰波谷，以便能够据此制订相应的销售计划。他们会严格控制和平衡花费时间和精力的方法和领域。

> 销售高手会管理自己的销售周期——销售管线。

许多企业都有某种形式的系统（可能是手动的，也可能是基于软件应用程序的）来管理销售管线上的数据。如果使用得当，对你将大有裨益。你既可以利用销售周期的各阶段的潜在客户数量的数据得出客户转化率信息，也可以通过评估销售流程的每个步骤和自己的绩效来获知在哪方面提高才能产生最积极的影响。或者你可以利用销售管线中每个阶段的潜在客户数量以及潜在交易规模的经验数据，来帮助自己制订活动计划，并了解你需要处理的具体问题。销售管线信息千差万别，但成功的销售人员会花时间了解数据分析的结果，并利用它来指导自己的销售活动。

销售管线通常能让你追踪以下信息。

- **每位潜在客户**。对方的名字、交易规模、在销售周期中所处的位置以及可能达成交易的日期。
- **销售额预测**。可以按周、月或季度来预测收入或利润。
- **销售周期的每个阶段**。显示每个阶段的潜在客户数量以及每个阶段可能产生的交易额。

- **当前成交概率的百分比**。更好地了解可能成交的实际数额。有时"成交概率"与周期的每个阶段都息息相关。例如，如果你处在评估客户的购买资质阶段，那么成交概率可能达到 20%，而如果你处在提出解决方案阶段，则成交概率可能达到 60%。

精彩回顾

销售信息是取得业绩的强大助力。

- 我们需要抽出时间研究数据。它们能够帮助我们客观地制订计划，以及客观地判断时间应该花在哪里。
- 销售管线数据是一个战略计划工具。它能确保我们实现销售的平稳性，避免"时好时坏"的结果。
- 我们可以使用销售管线数据来计算转化率，并确定我们需要更多地关注或开展自己参与的哪些活动。
- 正确使用销售信息可以帮助我们避免糟糕的意外情况！

有效地管理销售信息需要遵照逻辑和客观分析，而下一步我们需要将其应用在潜在客户身上——这就意味着我们需要影响力。本书的第三部分将重点探讨你的影响力。

第三部分

发挥你的影响力

我热爱运动,多年前曾满心期待地参加复活节曲棍球日的比赛。就在比赛那个周末的前几天,我开始肚子疼。疼痛愈演愈烈,最终我因阑尾炎住进医院。在术后康复阶段,我结识了一位病友,他叫斯坦利·伯恩斯(Stanley Burns)。我们俩都酷爱读书,一见如故,便成为了好友。住院期间有一天,他告诉我,20世纪30年代他曾在中国做销售玉器的生意。那时他曾与著名作家萨默塞特·毛姆[①](Somerset Maugham)结伴游览长江,当时他还患上了阑尾炎!我问他:"你当时不过是个20几岁的毛头小伙子,出生于普利茅斯,旅行经历不多,怎么能够到中国做销售玉器的生意?"我至今仍清楚地记得他的回答——他说:"真的很简单。起初我是一窍不通,后来我开始像中国人那样思考问题———旦这样做,我就旗开得胜了。"

我们都听说过"换位思考"这个说法。如果你对客户知根知底,能像受你影响的客户那样思考问题,效仿对方的言行举止,并尊重对方,那么你销售成功的概率就会大大提高。关键问题是你该如何做到这些?

在这一章中,我们所关注的是销售中的道德影响力。此处的

---

① 威廉·萨默塞特·毛姆(1874—1965)是英国小说家、剧作家。其代表作有戏剧《圈子》,长篇小说《人生的枷锁》《月亮和六便士》,短篇小说集《叶的震颤》《阿金》等。——译者注

重点在于你的目标——如果你想摆布客户，大捞一笔，那可能就会使用许多不道德的行为。然而，如果你认为你的服务/产品符合客户的需求，那么你当然想要促使客户达成交易。事实上，无论喜欢与否，你永远在对客户施加影响力。关键问题是，你知道自己拥有什么样的影响力吗？你是否会有意识地选择影响潜在客户和现有客户的方式？

如果想让人们从我们这里购买产品，那么身为销售人员的我们，无论在哪个销售场合或者市场里营销，都必须具备一些基本素质。本章将探讨其中几项基本素质，并告诉你重点所在。这些重点可以让你毫不费力地影响他人，无论是在职业生涯还是个人生活中。

以下是本章想要解决的重点问题：

- 我们需要具备哪些素质才能成为KPI（参见第3章中的"影响力关键人物"）？
- 我们如何影响新时代的买家？
- 可以让我们毫不费力地影响他人的重要因素有哪些？
- 我们如何始终如一地保持积极状态来施加良好的影响力？
- 哪类问题会让我们产生最大的影响力？
- 我们如何展示自己正在积极地关注买家？
- 我们如何有效地进行谈判并达成行得通的协议？

第 11 章

C_3 影响力模型——
有效影响力的要素

影响他人的关键在于，通过不易觉察或无形的方法对个人或群体施加影响力。重点是要思考和决定该做出哪种回应，而这个回应将影响到你获得的结果。当然，施加良好的影响力与游说密不可分。游说就是改变态度、信念和观点的过程。

　　人们往往会从消极的角度想到影响力，在英国甚至有一个相当不够理性的说法：买家必须谨慎。事实上，无论有意无意，我们时时刻刻都在受到影响——受那些与我们交流的人的影响，当然也受营销和广告的影响。在逛超市时，你真以为自己的购买决策完全出于自觉吗？

> 无论有意无意，我们时时刻刻都在受到影响。

　　影响力也许是人际交往的最高技能。

佚名

　　请思考片刻——想想在过去半年里那些你想要购物的时刻。你看好一件商品，无须游说，价格也很合理。你走进商店，离开时却没有购买它。如果你曾有过这样的经历，那么很有可能是服务员对你施加了不买的影响力！这位销售人员可能做了下面的一件（或多件）事：

- 喋喋不休地说明产品特点而令你困惑；
- 没有倾听你的需求；

- 忽视你；
- 没有向你提出任何问题；
- 提出一个令你觉得讨厌的问题；
- 没有提供你想要的确切信息；
- 看上去缺乏自信。

有证据表明，面对上述情况时，多数人宁愿多花钱去购买来自其他供应商或网络的同类服务或产品。

也许你还有过这样的经历。你从某位惹人喜欢的销售人员那里购买了产品，却在成交后的某个阶段感受到了买家懊悔[①]（buyer's remorse），因为你意识到自己并不需要这件产品。

C^3 影响力模型

到底发生了什么情况？为什么即使精明的人也会受到这样的影响呢？表面上来看这完全不合情理。其实，你是遭遇了影响力的三个要素——自信、信任和共鸣。我们称之为 C^3 影响力模型。

---

① 买家懊悔，是指购物后又后悔的情绪。这种情绪通常会在购买车房等大笔支出时出现，多半是因为担心做了错误的选择，而导致的支出过大而愧疚，或者怀疑自己被卖家忽悠了。——译者注

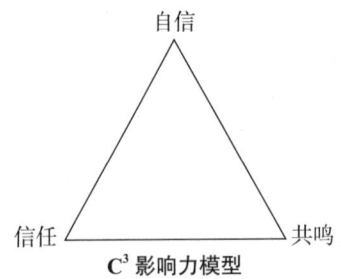

C³ 影响力模型

在大多数销售中，销售人员十有八九卖不掉任何产品，除非他们已经展示了**自信**，建立了**信任**并与客户产生了**共鸣**。在你亲身经历的许多次销售中，你已经做到了这些——否则你不可能令人们产生购买的动机。但是你知道怎样才能有意识地并不费吹灰之力地做到这一点吗？你能够做什么来保持自信，通过渗透式营销①建立信任，并引发客户共鸣，从而毫不费力地让对方购买？以下就是方法。

如何保持自信

我想知道你是否有过这样的经历——在你的销售工作中诸事顺利的那一刻：客户点头称是，任何问题都被你轻而易举地化解，所有交流都让双方感到愉快。无论是在销售工作还是在其他工作或活动中，你可能已经体验到了积极心理学家米哈伊·奇克

---

① 渗透式营销是将营销主题通过特定的媒介以标签认证的方式配合线下活动逐一占领行业高地，营销信息随之逐步推进、层层深入，纵向与横向形成拉网式结合，从而达到快速渗透与传播的目的，是一种由点到面、模糊行业界限、兼顾广度与深度的新营销模式，也是一种环环相扣、细分消化、以点汇面的新营销模式。——译者注

森特米哈伊（Mihály Csíkszentmihályi）所说的"心流状态（flow state）"①。这是一种精神状态，是全身心投入某种活动中的感觉。我们对此还有一些其他的称法——"巅峰状态""又快又好""真正投入"——这是全神贯注沉浸在任务中的时刻，是活动中能力水平和挑战难度刚好势均力敌的状态，它能让人发自内心地感到满足。这种积极状态或者近似的状态是我们销售或影响他人时所能达到的最佳状态。但是你知道如何不费吹灰之力地达到这种状态吗？

即使当我住在孤儿院的时候，当我徘徊街头努力想要填饱肚子的时候，我也相信自己是世界上最伟大的演员。我必须要感受到那种因满怀自信而焕发的勃勃生机。没有它，你将一败涂地。

查理·卓别林（Charlie Chaplin）
英国演员、电影导演

因此，销售的时候，你需要保持信心满满的状态。否则，你畏缩的肢体动作、软弱的声音或者缺乏说服力的语言，处处都会透露出你缺乏自信。

你的状态将会影响你和你周围的一切。然而，状态究竟是指什么？

---

① 心流在心理学中是一种某人在专注进行某行为时所表现的心理状态。如艺术家在创作时所表现的心理状态。人在此状态时，通常不愿被打扰，即抗拒中断。它的定义是一种将个人精神力完全投注在某种活动上的感觉；心流产生时的同时会有高度的兴奋及充实感。米哈伊·奇克森特米哈伊认为，使心流发生的活动具有多样性。——译者注

精彩定义

状态就是你在特定时刻的感受——是思想、情感和生理机能的结合。它融合了我们脑海中的画面、声音、感觉、体能和呼吸。

我们经常以一种被动的方式想到状态，例如"他状态不错"或者"她今天状态不佳"。每一天我们都会经历许多不同的状态。你可能会时不时地感到快乐、伤心、沮丧、紧张、兴奋或充满活力。

如今，许多著名运动员为了获胜，都会邀请运动心理学家来帮助自己进行心理训练。这已经成了他们的日常习惯。为什么？因为这个方法行之有效！达到合适的状态对你在销售时发挥出最佳水平至关重要。当你感觉良好充满自信的时候，你的销售业绩也会形势喜人。我们内心的情绪影响着销售活动是否成功，我们的状态影响着自己的生理机能和行为——这些都是现有客户或潜在客户在你的销售中能够一目了然的。状态管理就是一种能力，让你能够在特定时刻选择最合适的状态。因此，请花些时间来确定如何轻松做到这一点。

精彩练习

你在销售时想要处于哪种状态?

在向潜在客户和现有客户销售时,请确定你最想要的理想状态。你将如何为这个状态命名?

我如何进入这种机智灵活的销售状态

你现在已经知道了自己的理想销售状态——自信、放松、专注,或者你选择的任何状态。你可以随心所欲地进入这种状态吗?你能够帮助自己达到状态吗?还是说你会允许别人影响你的状态?

精彩练习

以下是进入机智灵活状态的步骤。

1. 请回忆某个当你处于理想状态的时刻。

2. 要么抬头向左看,要么闭上眼睛,现在请回到那个时刻,并记住你所看到、听到和感觉到的——请确保你用自己的双眼看到一幅彩色的动态画面,并确保你可以毫不费力地看到该画面。

3. 现在请注意它此刻会带给你怎样的感受。许多人都开始感受到这种状态。当你感受到它时，多加练习，直到你可以随心所欲地重复这个过程。

以下还有一些能够让你达到销售巅峰状态的方法：

- 请让身体保持舒适，以达到平衡状态；
- 请控制呼吸，每次持续五秒的五次深呼吸通常很有效果；
- 请抬头向右看，放松并放大对周围影像的意识。让自己完全放松。这比向下看的效果要好得多，向下看会增加焦虑感或让你想太多！

处于机智灵活的状态必定会产生众所周知的积极态度。我们的调查显示，销售高手十分清楚销售态度的重要性。事实上，当被要求选择态度还是技巧更重要时，77%的人都选择了态度。如果你决心让每次重要面谈都马到成功，那么你就已经拥有了积极的态度。结果能好到什么程度？请想象一下取得进展或拿下订单的场景。你会看到、听到和感觉到什么？我还记得当自己就职于一家大型企业时，他们提供了一款全新的宝马迷你车作为新产品投放市场活动比赛的一等奖。我立刻就想象出自己赢得了那辆车并走上舞台去拿车钥匙的场景。我之所以能在现实中斗志昂扬并最终获胜，部分原因正是由于我曾在脑海中幻想出如此生动的画面。当我大步登上领奖台并宣告车辆

> **销售高手十分清楚销售态度的重要性。**

主权时，真是无比自豪。

建立信任

信任来源于拉丁文"信条"，意思是"我相信"。你需要被客户信任才能销售产品。事实上，买家在与你面谈时也正在甄别这一点。这在现实中意味着什么？以下是在销售时建立客户信任的十个重要提示。

1. 获取尽可能多的信息。关于客户、产品/服务、市场和竞争对手等信息。

2. 无时无刻不在创造价值。在每一次销售面谈之前先问问自己，我能告诉客户哪些对方不知道的信息？请思考网站运营良好的方法——网站上通常有大量免费赠送的内容，这一点在巩固用户的忠诚度方面卓有成效。

3. 有效地准备。制定会议日程，确定结果，开展研究，并思考买家要问的问题。

4. 高效地执行。言出必行，做到少承诺，多做事，信守诺言，始终如一，贯彻到底，达成明确的协议。

5. 建立与客户企业的多重联结。拿到组织结构图，建立客户网络，约见客户，并让大家都认识你。

6. 避免过早"销售"。提出问题后，首先要倾听。

7. 承担责任。我们曾经与一家有"他们"文化的企业合作过，"他们"指的是那些不够支持销售团队的内部成员。你就代表了你的团队。因此请说"自己"和"我们"，并勇于为错误承担责任。

8. 充满热情地演讲。无论正式还是非正式场合,请满怀热情地解说销售材料。

9. 让你的买家感到自己很特别。你知道人们为什么停止购买吗?原因是:

- 1% 的人死亡;
- 3% 的人搬走;
- 5% 的人听从了朋友或亲戚的建议;
- 9% 的人发现了他们认为质量更好或更有价值的替代产品;
- 14% 的人对产品/服务不满意;
- 而 68% 的人终止了交易是因为你的冷淡。对方把订单交给别人只是因为感觉不到你的重视。

10. 有勇气说不。对方会因此尊重你。销售人员往往在想说不的情况下说了是,然后不得不出尔反尔!

引发共鸣

保罗是我合作的演员当中最慷慨的一个。我们在拍摄《虎豹小霸王》(Butch Cassidy and the Sundance Kid)时建立了很好的友谊。那是我一生中最快乐的经历。

罗伯特·雷德福(Robert Redford)

美国演员 [1972 年对保罗·纽曼①(Paul Newman)的评论]

---

① 保罗·纽曼(1925—2008),出生于美国俄亥俄州,美国演员、导演、制片人。——译者注

信任排在销售的首位，第二位是共鸣/友谊（这两个词是可以互换的）。

> 信任排在销售的首位，第二位是共鸣/友谊。

精彩定义

友谊是指与另一个人的和谐关系，它往往产生于潜意识中。

销售的重点在于共鸣，与客户产生默契。共鸣或者友谊，是人们见面时情不自禁产生的。有时友谊会自发产生。然而你也可以通过学习具体技巧来增进友谊，以提高你在商务场合中作为沟通者和销售人员的效率。

我们与朋友和家人有着天然的共鸣。在销售中，友谊是通过创造出信任和理解氛围的方式，来与客户产生共鸣的能力。人们一般不会向自己不喜欢的人购买产品。

精彩练习

请想想你最近一次与销售人员面对面购买产品的情况；现在请再想想你没有购买产品的某个时刻。二者在共鸣方面有哪些区别？你注意到了哪些不同？

我购买时的共鸣	我不买时的共鸣

人们很难把时间、金钱和业务托付给销售人员，很多人甚至不想和你说话。欢迎你面对现实！你的现有客户和潜在客户都很忙，他们可能觉得和你说话是在浪费时间。我们看不到他们对产品的需求，或者他们对已经拥有的同类产品很满意。因此，如果你确定共鸣是有益的，就必须快速建立它。

有人可能会说，多年来在销售培训中，尤其是随着NLP（神经语言程序学）理论得到应用的情况下，共鸣的概念已经是老生常谈了，因此大多数销售人员都明白共鸣在销售流程中的重要性。但是，建立友谊正是表明你对客户真心感兴趣的第一步，它可以搭建起通往互惠互利关系的桥梁。一切都取决于你的行为、语言和关注点。有时我们会遇到自己不喜欢的人，但是在销售中，如果你无法跟对方打得火热，对方就会开始从中作梗，原本的桥梁也会变成危险的吊桥！

精彩小贴士

以下是引起客户共鸣的十个重要的小贴士。

1. 提前游说。给客户打电话或者发电子邮件，以便尽早引发共鸣。

2. 进行闲聊。一般来说，我们倾向于不要开门见山地谈买卖。我曾经培训过一些来自巴西的商界人士，他们告诉我，在他们的国家，如果你不能把我们在英国称之为"寒暄"的闲聊进行至少45分钟，那就是没有礼貌！请不要提问"那么，生意怎么样？"——万一生意现在很糟糕，你一开头就讨不了好。

3. 分享个人信息。了解更多关于客户的其他兴趣点以及客户的购买动机。比起你（或者你的产品或服务），人们对自己更感兴趣1000倍。当你有所发现时——度假地、生日、兴趣爱好等——请记住细节，并利用它们。

4. 表现得像对方一样。人们会向与自己相似的人购买产品。观察客户如何行动和说话，然后巧妙地模仿对方。这个观点被称为匹配和镜像——如果你想了解更多的信息，请接着往下看。

5. 倾听，倾听，倾听。然后再多倾听一些。

6. 提出问题。这表明你对客户感兴趣，并时刻倾听着对方的想法。

7. 表现出兴趣。通过亲切的肢体语言表达你对客户的兴趣，例如微笑、点头或轻声应答！

8. 表现出友好。最近我去看了场演讲，却无比惊讶地看到演讲者用毫不委婉的方式对观众蓄意挑衅，从而令自己大失人心。

9. 轻松一笑。想快速建立友谊时，没有比幽默更有力的武器了。笑声就是火花，可以点燃你和被你影响的人之间的兴趣和热诚。在跟某人一起笑过后，在他身边就很难紧张起来。有些销售人员就是太严肃了！因此，放松点吧！如果你能让客户大笑，对方就会购买！

10. 最后——言归正传！说明你的目标，以及对方应该听你说话的理由。请避免使用陈词滥调和不真诚的理由，例如省钱、提高生产率和其他肤浅无效的理由。在你之前对方已经从很多销售人员那里听过这些了。潜在客户和买家不喜欢把时间浪费在销售人员的把戏上面。

对于那些没有听说过匹配和镜像的人，在此快速解释一下。

匹配和镜像

几年前，一家专做国民保健服务（NHS）信托的保健公司曾向我们咨询过，当时该公司的 CEO 打电话到我们的办公室。他们在网上看到了我们的一项咨询业务。因为这属于常规业务，所以这也就意味着他可能给其他同类企业也打过咨询电话了。这位 CEO 担心公司董事之间的关系不和谐，并希望我们为董事会做一些团队合作的培训。我问他想从这项咨询业务中得到什么，他多次提到"严格"这个词。我给汤姆打电话，建议他抓住这个机会。果然，当他和那位 CEO 商谈时，对方提到了同一个词。于是我们决定在计划书中五次提到这个词。当然，我们赢得了这项工作。我发了一封电子邮件，询问对方选择我们的原因。我现在仍然记得他的回答——我们觉得你们会用非常严格的方法来帮助我们培训董事会。当然赢得业务还有其他因素的影响，但我们的确使用了对方的语言！

匹配和镜像是神经语言程序学（Neuro-Linguistic Programming，NLP）创始人理查德·班德勒（Richard Bandler）和约翰·格林德（John Grinder）向世界推出的一个工具。他们模仿美国一流的心理治疗师米尔顿·埃里克森（Milton Erickson），并注意到埃里克森在建立良好的医患关系方面表现得很出色。在我们的 C^3 模型中，建立友谊或者引发共鸣的基础是尊重受你影响的对象。尊重对方就是换位思考，从对方的角度看问题：

◎ 对方为什么会提出这些问题？

- 对方有哪些局限？
- 对方有哪些压力？
- 对方通过哪种方式进行思考？
- 对方想要什么？

友谊是用来展示你与对方很相似的方法。人们愿意向与自己相似的人购买产品。原则上，我们更愿意对自己了解和喜欢的人的要求说"是"。这个相似原则会令对方产生赞同意见。因此，如果你进行匹配和镜像活动，就会令自己看上去与客户很相似。此处的诀窍是以不引人察觉的方式去做——模仿他们行为的某方面。如果做得好，就可以带来"和谐的共鸣"；如果做得很糟糕或不协调，当然也可能令对方心烦不已！因此，如果买方有不寻常的身体动作，请不要匹配。

当你销售时，可以使用全部三种沟通渠道来匹配对方——视觉、语言和声音。具体做法可以翻看《销售人员拜访手册》。

精彩案例

当乘坐飞机时，通常你会首先听到机长说话，比如"欢迎登机。我是机长卡塞尔……"在某些时候，你也会听到乘务员说话。下次乘坐飞机的时候，请认真倾听他们说话的方式，你很可能会注意到他们的声音存在着以下差异。

机长——音质	乘务员——音质
•语速慢	•语速快
•语调在句子或短语的结尾处下降	•语调在句子或短语的结尾处上升
•有停顿	•几乎没有停顿
•较短，省略的句子	•较长，可能是冗长的句子
•音调单一	•音调充满起伏和乐感

基本上，机长使用"可信"的声音模式，而乘务员则使用"可亲"的声音模式。请想想巴拉克·奥巴马（Barack Obama）或戴维·卡梅伦（David Cameron）可信的声音，还有斯蒂芬·弗莱[1]（Stephen Fry）或唐·弗兰奇[2]（Dawn French）可亲的声音。当你试图影响对方时，两种声音模式都要用到。当讨论你的服务/产品时，以及当你想让对方做出购买决定时，重点要放在可信的声音模式上。

到底要不要匹配对方，选择权永远由你掌控。有些时刻你需要打破亲近关系。如果有人处于购买过程中的决策阶段，那么恰当的做法是暂时不去匹配（与匹配刚好相反）对方，以便对方自己做出购买决定。

---

[1] 斯蒂芬·弗莱（1957— ），英国编剧、导演、演员，主要作品有《镜子面具》等。——译者注
[2] 唐·弗兰奇（1957— ）英国演员。主要作品有《木偶奇遇记》（英国版）、《鬼妈妈》（美国版）、《相思成灾》《动物总动员》《蒂博雷的牧师》等。——译者注

精彩回顾

如果你能理解C^3影响力模型，然后将它应用于各种销售场合，就会很快发现它的力量。你会浑身散发着磁铁一般的吸引力。在本节中所探讨的重点是：

- 影响他人的关键在于通过不易觉察或者无形的方法对个人或群体施加影响力；
- C^3影响力模型是有效影响力的要素，如果使用得当可以帮助你成为KPI（影响力关键人物）；
- 达到合适的状态对你在销售时发挥出最佳水平至关重要；
- 你可以帮助自己达到状态；
- 在我们完美销售力的调查中，77%的人表示态度比技巧更重要；
- 你可以变得充满自信，方法是回想你曾经自信的时刻，深呼吸，抬头向右看而不是向下看；
- 建立信任的基础是信息（关于你的企业以及你现有客户的业务和市场）、准备和执行；
- 受到不喜欢的人的影响颇有难度——所以要想方设法确保你受人喜欢；
- 匹配客户是简单有效的方式，可以让双方拥有默契，让你与对方在同一个频道交流；

- 你可以使用不同的声音来建立信任并与客户建立友谊。

一旦我们建立起信任和共鸣,并处于合适的自信状态,有效影响力的一个重点就在于我们是否能够提出正确的问题。我们很容易把提问技巧视为理所当然。下一章将帮助你思考那些所要提出的正确问题。

第三部分 发挥你的影响力

第12章

在正确的时间向正确的人提出正确的问题

当我正在学习成为一名导师时,我的培训师告诉我"问题就是答案"。销售也是一样,没有收集信息就无法销售得好,而不提问题就很难收集信息。然而,根据销售职业培训学院(Sales Career Training Institute)的研究,销售人员通常花费太多的时间去做计划书,而没有花足够的时间来提出正确的问题,从而发现潜在客户/买家真正的顾虑和难题,以及自己需要按下哪个热键才能一键轻松让客户购买。

评判他人,要根据他的提问而不是回答。

伏尔泰(Voltaire)

法国作家、哲学家

那么,提出正确的问题有哪些好处呢?

- 通过提出正确的问题,你能够表现出对客户感兴趣,而不是只关心交易的达成。这将提高潜在客户/买家敞开心扉的可能性,并让双方开始建立友谊。
- 你将能够确认客户真正在意的重点,以及你能帮助对方解决哪些核心问题。
- 能够让你掌控局面。
- 能够创造购买动机,这是每次销售对话的核心目标之一。
- 问题可以加深双方的情感。

提出正确的问题

以下是可以指导你提出正确的问题的七项核心原则。

1. 从好奇心开始

任何惯用顾问式销售方法的销售人员都会自然而然地提出问题，而保持好奇心才能提出聪明的问题。可以把它想象成——你正在"探索"信息。任何父母都知道，如果孩子们对某件事感到好奇，他们自然就会提问。

好奇心是有感染力的。你很快就会发现受你影响的人开始对自身的处境产生兴趣！

重点在于不要停止提问。好奇心的存在必有其道理。

阿尔伯特·爱因斯坦（Albert Einstein）
犹太裔物理学家

2. 为你的问题设置明确的目的

请问问自己：我想通过提问来达到什么目的？这样做可以避免提问不必要的或者随机的问题。

3. 让谈话自然流畅

高明的提问技巧并不意味着你要成为审讯员。请避免千篇一律的提问方式。

> 请避免千篇一律的提问方式。

4. 使用开放式和封闭式问题

- 开放式问题以谁、为什么、如何、何地、何时作为句子开头。
- 封闭式问题的答案要包含是或者否。

没有证据表明开放式问题更能成功促进交易的达成。然而，在沟通伊始，你很可能需要提出**开放式**问题以获取信息。在典型的销售对话中，开放式问题会比较多。请使用**封闭式**问题澄清交易内容以及签署协议。

5. 让你的问题易于理解

我听到过很多完全不知所云的销售问题。有时候销售人员会连珠炮般地发问，或者自问自答，又或者提出一个与讨论内容毫不相关的问题。你要提出直接而易于理解的销售问题——往往简单的问题却最为有力。例如：

- 您想要什么？
- 您的重点是什么？
- 什么对您有真正的影响？
- 您认为什么会有效果？

> 往往简单的问题却最为有力。

6. 提出有助于你识别主要购买动机的问题

购买动机和具体需求并不总是一回事。购买动机的核心是欲望和感受——它们更加感性和无形。

如果你想要找出买家的购买动机（即对方想要什么），可以通过提出简单的问题，例如："您过去购买过哪些类似的产品或服务？"你获取的信息将会告诉你需要强调哪些购买利益。

7. 不要冒犯你的买家

有些问题可能会冒犯潜在客户，导致对方拒绝接受你和你的观点。

不要引导或提问此类问题，例如"您希望给孩子一个公平的机会，不是吗？"潜在客户能回答什么呢？"不！这是一个艰难求生的世界——让他们自生自灭吧！"

管闲事的、八卦的或者过分私人的问题真的会毁掉你们的交易。请专心谈业务吧！

有时你的态度可能会令对方感到威胁。比起"您想花多少钱"的问法，为什么不用更好的措辞"您计划投资多少"。

重点问题

如果你在销售（或者生活）方面没有更加接近目标，那么可能是因为你没有提出足够多的问题。

杰克·坎菲尔德（Jack Canfield）
美国励志作家、成功学导师

那么，哪些方面的问题最有用？研究表明，如果围绕以下九个方面来提问，你将会发挥最大的影响力：

1. 客户需求和愿望

这对销售人员的角色来说绝对是核心问题。请通过阅读本书第19章，详细了解识别客户需求和愿望的具体问题。

2. 向客户询问选择标准

这一点在销售中往往会被忽视，因此请主动问明你的客户此刻在与谁打交道，以及对方还有可能会考虑谁。这样做能够探听出客户的标准和价值观，并将帮助你使服务/产品符合客户公司的需求。

你越能让自己的服务和交付符合客户的价值观，就越有可能建立长期的合作关系。我曾经有位非常坦率的同事，他过去常常问客户："我能做些什么来赢得您这单业务？"

"销售"与"服务"在概念上紧密相联。我们客户公司的创始人索迪斯把整个经营战略都建立在"真正的尊严在于为他人服务"这一格言上。除非你了解对方对服务方式的喜好，否则你如何才能够"为他人服务"呢？

3. 在选择阶段影响决策

弄清楚你的客户正在考虑哪些备选。如果对方仍然处于选择阶段，你就可以影响他们的购买决策。

4. 了解你的服务/产品

你需要预估客户对你的服务/产品的反应，以判断对方是否有购买的可能性，以及对方需要哪些更多的信息来做出购买决策。

5. 明确购买人

对于一家企业来说，购买决策往往波及甚广。我们在网站上出售培训、辅导和咨询服务，因为涉及购买决策而使用我们服务的人士有销售人员、人力资源人员、运营人员、市场营销人员、高级管理层和董事会成员。

6. 弄清决策者

我还记得自己曾经与某位人士进行过三次面谈，并且为这个机会投入了大量时间和精力，之后才发现这个人不是购买决策者。你有过类似的经历吗？弄清楚决策过程以及涉及的人员，可以让你集中精力。

7. 了解客户的预算

客户对你的产品也许有预算，也许没有。了解客户预算的数额和购买周期是非常有用的。在评估潜在客户购买资质时，要判断出对方处于购买周期的哪个环节。众多销售人员无视客户的购买周期，而一味执行着刻板的销售周期，反过来还奇怪自己为什么会失败。如果客户已经有了预算，并愿意立即购买，那么就不要提出非必要的问题，完成交易就好。

我们曾经与一家企业（后来成为我们的重要客户）做了一笔交易，对方在交易中使用了下一年的预算，于是我们就为对方开具了更晚日期的发票。客户非常感谢我们的灵活变通。

8. 购买动机 / 评估客户购买资质

销售人员有时会花费太长时间与潜在客户对话，而对方购买的希望非常渺茫，并且没有购买动机。请提出能评估潜在客户购买资质的问题，以判断这个机会是否值得跟进。

9. 拓展客户关系

当然，当潜在客户变成现有客户时，问题并不会停止，请继续提问。如果客户对你和你的服务感到满意，那么你就要提出能帮助拓展客户关系或者交叉销售的问题。

或者也可以请客户为你引荐——如果对方喜欢这个产品 / 服务，并且喜欢你，他们会高兴地这样做的！在客户感恩曲线达到峰值时要求推荐——即当对方认为你很棒并提供了出色的服务时，或者当对方正在体验你的产品

> 在客户感恩曲线达到峰值时要求推荐。

的购买利益时。

精彩练习

问题类型可以翻看《销售人员拜访手册》,并结合你自己的销售情况,思考还有哪些问题会对你有用?

精彩回顾

问题的重点并不是随机提出一些问题来引出答案。卓越销售力的重点在于在正确的时间向正确的人提出正确的问题。在这方面,成功销售人员与顶级商业导师所采用的技巧是相似的。他们会提出以下这样的问题:

- 可以理解的,并且合乎逻辑的;
- 能够帮助买家弄清楚情况的;
- 能够建立购买动机的。

请在今后的每次销售面谈之前花点时间,问问自己哪些问题最适合提问。请注意,想要更好地理解受你影响的人,答案就在问题中。本节要点是:

- 销售中有七个原则:保持好奇心;设置问题目的;让对话流畅;使用开放式和封闭式问题;让你的问题易

于理解；识别购买动机；不要冒犯你的买家。

- 提出有针对性的问题以判断客户的需求和愿望、选择标准、备选、对你的产品/服务的反应、涉及的人员、决策、预算、客户购买资质，以及拓展客户关系的方式。

当然，提出问题只是工作的一半。如果你无法成为一个良好的倾听者，那么就会影响到你与客户的友谊，从而无法带领客户进入下一个步骤……

第13章

积极主动地倾听,展现对客户的兴趣

现在，请实话实说，你有多擅长倾听？倾听是核心销售技巧的说法已经是老生常谈了，然而令人惊讶的是，在销售时，销售人员往往并没有把重点放在倾听上面。一次又一次的研究表明，那些真正做到倾听的销售人员更容易与客户成功建立长期关系（在销售和整个生活中）。

　　上帝给我们两只耳朵和一张嘴的原因是让我们可以多听少说。

第欧根尼（Diogenēs）
古希腊哲学家

精彩练习

　　以下列出了一些常见的原因，说明为何销售人员在销售时最终没有倾听，或给客户留下没有倾听的印象。当客户对你说话的时候，你是否发现自己在思考、在做或者在说以下内容？这些就是倾听障碍，会令你的销售效果大打折扣。

　　你内心黑暗罪恶的小秘密是什么？以下15项内容，请你勾选出自认犯过的任何一项。来吧，对自己诚实一点！

　　（　）在客户正在讲话的时候，在内心排练关于我的产品/服务的说辞。

（　）不耐烦地等着客户结束讲话，好让我能够开始说话。

（　）对客户努力传达的信息不感兴趣。

（　）当客户讲话的时候，感到百无聊赖，并且思考着其他事情（足球、汽车、孩子、昨晚的安排、假期等）。

（　）认为"我很忙"——我还有太多其他事情要赶快去做。

（　）在打电话给现有客户或潜在客户时，敲击电脑键盘。

（　）在客户说话之前预测对方要说的话。

（　）忽视客户正在说的话，认为与我无关。

（　）接话、隔着别人讲话或打断他人讲话。

（　）认为客户阐明观点时过于慢条斯理，以致让我无法保持兴趣盎然。

（　）心里想着："谁在乎他们关心的是什么？我有自己的事情要担心！"

（　）更喜欢说话而不是保持安静。

（　）在客户开口之前就妄自假设对方会胡说八道。

（　）烦躁不安，完全不在倾听。

（　）盯着房间里的其他东西，走神。

如果你已经勾选了六个或更多的选项，那么这一章就是写给你看的！

完美的倾听者会排除干扰，真正去倾听。如果你有好奇心，就会倾听；如果你真的重视对方，并最大限度地减少干扰，就能够全神贯注地倾听。

倾听的好处无与伦比。人们会敞开心扉，说出自己喜欢的接收信息的方式，向你倾诉，谈起他们生活中最有趣和最重要的人——他们自己！

积极倾听

在销售中，你应该积极主动地倾听。如果你培养出倾听的习惯，就会提高对他人的影响力。积极倾听有以下八个要素。

> 在销售中，你应该积极主动地倾听。

1. 重视对方。表达关心，表明你尊重对方的立场。

2. 注意倾听言外之意。请留意对方没说出口的信息，意见下掩盖的信念和身体语言所传递的信息。

3. 限制你说话的时间。很多人的注意力都维持不了多久。而销售人员往往过于健谈——因此，请把你长篇大论的销售演说减少到大约30秒钟。你以前可能听说过"3 的魔力"[1]。3 是一个神奇的数字，如果你能够把销售说辞限制在三个关键点，就会增加

---

[1] 在西方，"3"是第一个奇数，属于阳性，象征生殖繁衍能力，属于火星的领域。"3"有开头、中间和结尾，并使开头和结尾两端得以谐调（注意不是协调），因而象征对立面之间的和谐。"3"既具有古老传说中的魔力特征，又与基督教的三位一体相联系，有吉祥的意思。——译者注

客户对你的信任。

4. 不要思考接下来要说什么。你会错过对方的信息。不要企图通过问你已经知道答案的问题的方法来操纵对话。

5. 注意倾听对方的观点。对方对世界的见解独一无二。

6. 复述并思考对方的意见。这将确保你正确地听到了对方的意见。或者，你也可以总结一下对方的话。

7. 做笔记。但不要逐字逐句记录。

8. 保持目光接触。尽可能随时做到。

> 复述并思考对方的意见。

因为倾听是如此重要，所以我们在此要比较一下倾听者的好坏。

好的倾听者	坏的倾听者
• 用身体语言回应对方，微笑，适当点头或皱眉	• 经常打断对方，不等听完整条信息就匆匆忙忙得出结论
• 提出问题以澄清情况	• 忙着构想自己的回答，不听取说话者的意见
• 复述或改述一部分说话者的谈话内容来表示理解	• 在对方讲话时，任由自己的想法天马行空
• 认同对方的情感，以展示同理心	• 被细节分神
• 经常与说话者进行目光接触	• 当话题变得艰深时不再倾听
• 全神贯注，不让自己走神	• 只听自己爱听的内容
• 在脑海中加速分析、整理和存储信息	• 让自己被情绪支配

精彩回顾

请记住这句古老的谚语——我们有两只耳朵和一张嘴，因此销售的时候请按比例使用它们。倾听确实大有裨益，它能帮助你建立客户关系，避免误解，还能确保你听懂了客户的需求。

请记住：

- 良好的倾听会让人们敞开心扉，向你倾诉；
- 你需要减少倾听障碍，全神贯注；
- 你应该积极主动地倾听，因此请展现你对客户的兴趣。

完美倾听者也可以成为完美谈判者，那就让我们继续踏上影响力之旅，研究一下如何与客户谈判并创造双赢局面吧！

第14章

熟练运用谈判技巧，努力实现双赢

谈判不等于销售，同样，销售时也不一定非要进行谈判。销售的重点在于游说和令人信服；谈判的重点则在于处理好具体细节。

精彩定义

谈判是基于不同立场的双方或多方之间的讨论。它是一个过程，利益相关方在谈判过程中解决争议，达成一致行动方案，为个人或集体利益讨价还价并/或试图产生互惠互利的结果。

许多销售人员所犯的错误是妄自假设谈判是不可避免的。我曾经想买一辆二手车，并且看中了当地广告上的一款。我打电话给卖家，他让我过去看看。我对汽车了解不多，但是当我向他询问价格时却竖起了耳朵。因为他说"一万英镑，但是可以谈"。他犯了一个低级错误——他直接出卖了自己的要价。你觉得我会支付一万英镑吗？不，当然不会。他本该向我好好推销这辆车——存放在车库、定期保养、他是唯一的车主，等等。但是他过于担心自己拿不到理想的价格。不出所料，经过谈判，我拿到了更优惠的价格！

在最近一波购房热潮中,我的朋友将房屋标价325 000英镑出售,有几个人对此很感兴趣。一天早上,地产经纪人打电话给他说:"史蒂文斯夫妇真心喜欢这套房子。他们想出价315 000英镑。但如果有必要的话,他们也准备好了全额支付要价。"你能想象我朋友的回答吗?

在业务中,销售人员向客户提供销售计划书。客户可能会接受该计划书中的每个要点,并且签订合同。在这种情况下,不会发生谈判。但是,如果客户不接受该计划书的某些条款,则双方立场开始出现分歧。此时就需要通过谈判来达成协议。与此相同,采购经理与供应商进行谈判是毫无意义的,除非他确定该产品/服务符合他的要求。举个非采购/销售方面的例子,招聘经理与候选员工谈判工资是不明智的,除非他已经确定该员工适合这份工作。因此,谈判就是要和对方(或多方)达成协议,并按照协议规定进行合作。

谁学会了友好地拒绝,就等于发现了外交官最宝贵的秘密。

罗伯特·埃斯塔布鲁克(Robert Estabrook)
《华盛顿邮报》编辑、驻外记者

绝大多数情况是,一旦买家确定你的供给可能符合他们的需求,你们就会在销售流程的结尾进行谈判。但是,只要出现双方立场不同的情况,都可能需要你进行谈判。可能会出现的情况包括游说最终决策者或与之面谈,或者与客户企业中的其他利益相关方进行面谈。

谈判原则

如果你将以下五项核心原则熟练应用于各种谈判,一定会收效显著。

1. 努力实现双赢

"我将与对方合作,以达成双方都认可的协议。"一段长期的商业关系只能建立在合作的基础上。合作来自拉丁语"合作(collaborare)",意思是"与……共同工作"。

从买和卖的角度来说,卖家觉得自己因提供服务而得到了合适的"收入";买家觉得自己得到了价值。

2. 确定最佳目标位置和底限位置

在任何销售中,我们都有自己理想的结果,也就是能从协议中得到的最好的结果,这就是最佳目标。然而,在任何双赢谈判中,双方都应暗自做好准备,可能需要探讨变量,以及改变最初计划书。这样就可能涉及从理想情况转化为虽然不太理想、但双方都还可以接受的情况,这就是底限。

双方的最佳目标位置和底限位置之间的区域就是谈判窗口,也是达成协议的机会之窗。

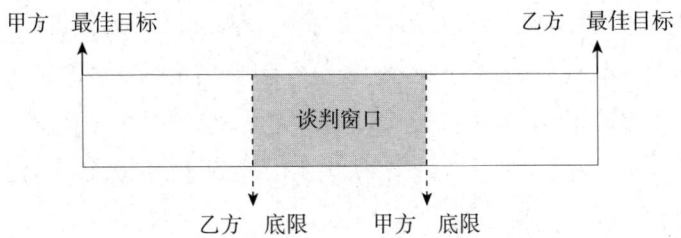

你交给客户的必须是你相信客户会购买的计划书。它代表了你的最佳目标位置,或者刚好高于你的最佳目标位置。

如果你发出这样的信号:"这是我的计划书,但我做好谈判的准备了。"那就一定会导致谈判!

预估你的底限,如果必要的话,做好谈判准备,这样的做法与假设不得不进行谈判完全是两回事。

3. 贸易让步

谈判往往涉及让步,即离开你原来的位置。贸易让步的概念是双赢销售谈判的基础。许多销售人员都犯了在不要求任何回报的情况下就做出让步的错误。

> 谈判往往涉及让步。

当遇到价格或者费用的问题时,销售人员很容易陷入困境。此时你需要提醒自己互让(give-and-take)原则:一次让步(例如:降低价格)的成本需要通过一项有价值的东西(例如:增加数量)来平衡。

互惠互利是人类行为的核心思想，因此这个原则行之有效。在销售中的大部分交易都体现了这个原则。你有没有过这样的经历，当你在超市拿了免费样品后就觉得有义务购买？罗伯特·西奥迪尼（Robert Cialdini）在他的著作《影响力》（*Influence*）中讲述了以下故事：

一位大学教授做了个小实验。他把圣诞贺卡寄给了一些彻头彻尾的陌生人……他收到的回信令人惊叹——写着他家地址的节日贺卡像雪片一样飞来，全部来自那些素未谋面也没有听说过他的人。

成本和利润并不总是财务账面上一目了然的数据。有效谈判的关键在于建立一个交易过程，例如：

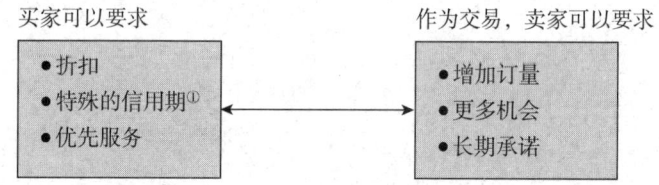

4. 解决各种变量

在销售中，价格 / 折扣很容易成为谈判的焦点。想要解决各种变量，就涉及纵观全局，考虑通过多种方式达成协议。

任何不利于他人的商业举措，最后都是无利可图的。只

---

① 信用期是销售方给予客户的赊销账期。例如发票期后 30 天还款。它通常与授信额一起使用。通常信用期越长，额度越大。——译者注

有令双方都满意的交易才有再次达成的机会。

B.C. 福布斯（B.C. Forbes）
苏格兰记者、《福布斯》（*Forbes*）杂志创始人

开诚布公的气氛可以让面谈产生积极的结果。探索可能性和开动脑筋将有助于你与客户建立合作关系。摆在桌面上的想法越多，达成皆大欢喜的协议的可能性就越高。

- "我相信有很多方法可以解决这个问题……"
- "我想到几个可能管用的方法。我是否可以……"
- "也许我们可以研究一下……"
- "我想到两种明确的方式来为您提供……"
- "我认为我可以想出一些解决办法……"
- "有哪些备选……"

请记住，你是在提出建议，而不是在承诺——只是为了开诚布公地讨论。

5. 不要假设

销售人员可能会犯假设或者读心术的错误，内心想的与实际发生的事情毫无关系。只要情况允许，你永远都要检验假设。请不要做出以下这些典型的假设：

- 出席上次面谈的同一批人也将出席下次面谈；
- 客户肯定会讨价还价；

- 所有重要人物都看过这个计划书;
- 你拿不出交易的资本。

我们最近就犯了假设的错误。在我们将与潜在客户进行第四次面谈时,我们以为可能需要谈判合同费用和条款。然而,对方派出了三位陌生的重量级人物,并花了一个多小时的时间对我们的计划书严加挑剔。我们必须从谈判工作迅速回归到游说工作!幸运的是,我们仍然赢得了这笔业务,但是此次经历也提醒了我们这个原则的重要性。

> 只要情况允许,你永远都要检验假设。

谈判策略

你的日常生活离不开谈判——你每天都要和家人、朋友、同事商谈,在商店里谈判,用电话谈判。但是你会使用什么样的策略呢?你知道那些行之有效的策略吗?在销售中,你可以使用以下七种策略来提高谈判技巧,并让你和你的企业在交易谈判中占优势。

1. 建立客户负债心理

如果对方就某一点已经接近或者达到你的底限,那么就要让对方明白你刚刚做出的这次让步的重大意义。

这一策略可以在面谈的后期阶段使用,以巩固对你有利的让步,或者挡开对方的其他要求:"我们可以同意……在这种情况下，我们明白与您建立长期业务关系的好处。不过，我必须强调，这个付款计划确实代表了……"

请记住，你无须表现得咄咄逼人。

2. 利用一致性

一般来说，人们行事的方式具有前后一致的特点，而你刚好可以利用这一点。例如，当你在管理客户关系时和/或酝酿新灵感时有意识地向对方寻求帮助，对方十有八九会帮助你。当然，这样做的前提是你与客户在以前的面谈中已经建立不错的友谊。

3. 使用准则和客观标准

准则和标准能为你所重视的定位提供理论依据。例如，作为卖家：

- 你的客户可能要求 60 天的信用期；
- 你公司的合同中的标准信用期是 30 天；最多不超过 45 天。

对客户说"我公司的信用期是 30 天"，只能强调双方立场的不同。

但是，如果你能够提供行业标准为 30 天的事实数据，并说明这是你坚持目前定位的原因，将有助于体现你在本次交易中是有理有据的。

4. 总结

总结在面谈的各个阶段都是积极的行为。话题越长越复杂，就越需要总结。在谈判的背景下，总结至关重要，因为它：

- 能够验证、澄清和避免误解；
- 在遇到某个症结时，提供了一个机会来强调双方已经取得的积极成果。因此，它是继续达成协议的一个推动力："我认为这可能是一个难点。但是，让我们回顾一下迄今为止双方已经达成的共识。我认为我们应该在……的背景下考虑这一点。"

5. 拖延

无论你把面谈或者电话会议计划得多么天衣无缝，总是难免会发生计划外的"症结"。危险之处在于，这个症结阻碍了你前进。拖延即是把有争议的问题推迟到议程结尾的技巧，从而让双方先达成其他一致观念："我认为这个问题可能需要花费一些时间……我建议双方先看看其他的项目，稍后再议。您看这样可以吗？"

6. 休会

休会可以是十分钟、两天或者两周。要求休会可以为你提供时间，让你与同事商量，请示你的销售经理或者开展运算、成本估算以及评估影响。这个"中断"还可以帮助双方客观看待具体问题。比起先容忍问题,然后又在下一阶段被迫回到原点来面对问题,休会的做法显然要好得多:"我们已经开始商讨细节。我建议双方休息十五分钟,因为我需要联系公司来核对一些具体问题。"

7. 还价

"还价"是在费用谈判的过程中,对某人给出的荒谬报价/价格,用身体或者语言做出惊讶/可怕的感叹。永远不要接受第一次报价,要做出退缩,以表明该报价是不可接受的。你可以大退,也可以小退,要学会随机应变。我曾经和一位谈判高手共事过,对方的眼泪招之即来——让一滴泪顺着面颊滑落,可谓是我见过的比较不同寻常的还价行为了。

精彩回顾

我们已经在此讨论了关于谈判的大量内容。现在让我们回顾一下本节的主要内容。我们关注的重点是:

- 将谈判视为一个独立部分,与销售流程分开。
- 认识到谈判并非不可避免。
- 五项核心原则:努力实现双赢;想好最佳目标位置和底限位置;贸易让步;解决各种变量;不要假设。
- 七种提高谈判技巧的策略:建立客户负债心理;利用一致性;使用准则和客观标准;总结;拖延;休会;

还价。

要成为卓有成效的谈判高手,我们需要在真正意义上了解买家和潜在客户。本书第四部分将帮助你实现这一目标。

第四部分

了解买家和潜在客户的心理

第三季度的销售已经接近尾声,而我距离销售指标还差几千英镑。我的业绩还不错,但不够完成季度指标并获得分红。我研究了一下自己的出路——情况不容乐观。于是我打电话给几位朋友——我的三位主要客户——请求他们现在就下订单购买将来所需要的产品。他们都欣然相助,于是我完成了指标。还有什么问题呢?问题就是那已经是将近20年前的事了。在当时以及更早的年代里,你可以利用自己的机智和你与客户之间建立的友谊,让销售业绩脱颖而出。但是如今的销售环境已经截然不同,我们所遇到的销售情况纷繁复杂,我们所面对的是精明的、受过良好教育和专业培训的买家或采购专家。

只要通过握握手、请客户"帮我们一个忙"的方法就能成交的日子基本上已经结束了。我们与客户和潜在客户的交流方式正在日益改变。除了面谈和电话联络以外,电子邮件已经无处不在,视频会议和虚拟会议也广受欢迎。我们有时会面临ITTs(招标邀请)、小组决议和明确的采购选择标准。购买流程中的要求更加严格,企业和买家对为其服务的销售人员的期望也水涨船高。

本部分将探讨以下问题:

- 各种销售方法之间有什么区别?
- 谁是现代买家?

- 买家想从销售人员身上看到什么样的素质?
- 你如何面对买家?
- 你如何识别买家的需求和愿望?

第 15 章

选择合适的沟通方式

你和你的公司是如何销售的？你采用的是哪种销售方法？

基本的销售模式

基本的销售模式有两种，你和你的公司可能会采用最适合你们的市场的模式。这里简要介绍一下这两种销售模式。

交易型销售

在交易型销售中，重点在于找到符合要求的潜在客户，要求包括：能与你建立客户关系，关注产品特点和购买利益，并能够以双方都接受的合理价格签卜所需产品或服务的订单。这样的客户对"标准"产品或服务有着明确的需求，并对那些在合适的时机以合理的价格提供它们的资源深感兴趣。

> 在交易型销售中，客户对"标准"产品或服务有着明确的需求。

顾问式（解决方案式/关系式）销售

在顾问式、解决方案式或者关系式销售（这三个是同义词）中，销售人员要更加深入地了解客户所面临的难题，并为其量身定制解决方案。比起说明产品特点和产品定位，提问和倾听变得更加重要。

双方往往要经历销售计划书、合同谈判和交付解决方案的过程，然后才能达成实际购买决策。如今，顾问式销售方法更加常见，它最适合那些提供创新型产品或服务的企业，例如提供咨询服务或者很少有人购买的特殊产品的企业。由于客户对产品性能缺乏了解，创新型产品或服务的供应商必须采用顾问式销售。

> 在顾问式销售中，需要为客户量身定制解决方案。

大多数销售人员只是"会说话的说明书"，试图向客户展示自己的产品或服务比竞争对手好在哪里。销售人员必须学会为客户创造价值。

尼尔·拉克姆（Neil Rackham）
英国销售和市场营销行业作家、演说家

全世界的许多企业已经将自己的销售团队培养成商业合作伙伴，并采用了顾问式销售策略。如果企业成功地实施了"销售人员兼商业伙伴"模式，就会带来巨大的优势。这种模式所带来的好处包括：

- 使竞争对手更加难以赢得业务；
- 可能会接触到食物链上更高层次的决策者；
- 客户可以长期提供更多利润；

- 销售人员的工作满意度更高,从而提高了客户保持率[①]。

如果你还想更多地了解两种销售模式的区别,可以翻看《销售人员拜访手册》。

与潜在客户和现有客户进行沟通

在本书的第 11 章中,我们探讨了与潜在客户建立共鸣和信任的重要性。这一点仍然要通过与客户当面沟通来实现。但是,我们当中的很多人所处的真实新型销售环境是,我们必须与客户进行**远程**沟通,包括电话联络和电子邮件,以及最新出现的视频会议和虚拟会议。许多参与顾问式销售的销售人员可能都用过 Skype 等聊天工具与潜在客户和现有客户进行交流,并可能主持过或参加过"网络"研讨会。那么:

- 远程沟通时,我们需要牢记哪些有关身体语言的规则?
- 远程销售的特点是什么?为了达成交易以及维护现有的客户关系,我们需要如何转变思想?

如果使用方式正确,电子邮件和视频会议等工具的效果将会非常有效。无论潜在客户和现有客户身在何方,与对方联络都更加方便,还可以节约路程和时间成本,提高我们的工作效率。但是,如果想要利用这些工具为潜在客户和现有客户创造价值并提

[①] 客户保持率是指企业继续保持与老客户交易关系的比例,也可理解为客户忠诚度。企业留住老客户的能力是企业保持市场份额的关键。实际上,留住老客户比开发新客户要容易得多,成本也低廉得多。——译者注

高效率，而不让对方对我们产生不良印象，我们就必须注意一些基本规则。就像电话会议和当面会谈一样，我们需要积极主动地探索如何才能充分利用它们所提供的机会。

在我们详细探讨远程沟通之前，请最好记住下面这个沟通效果排行榜。

1. 当面会谈

没有哪种沟通方式比真人的（非网络的）当面会谈更能建立友谊和信任了。让我们重点谈谈身体语言吧。在沟通和会面中，身体语言传递了大量意义，是与对方发生化学反应的最重要的因素。我们都会从第一印象中解读出意义。短短几秒钟之内，我们就能够判断出对方是否喜欢、相信或者信任我们。人们更容易相信亲眼看到的，而不是听到的内容，因此我们必须重视身体语言。人们在交流中所解读的绝大多数意义都来自我们的身体语言和非语言交流。你个人的影响力取决于你的神态、声音，尤其是你说的话。请记住，这一点对双方都成立，因此你需要注意：

> 人们更容易相信亲眼看到的，而不是听到的内容。

- 你自己的身体语言——你发出的信息；
- 其他人的身体语言——以便你可以得体地回应；

在解读自己或者他人的身体语言时要注意两点：

- 它所表达的是安心还是不安?
- 它是开放式还是封闭式身体语言?

詹姆斯·博格(James Borg)在其所著的《身体语言》(*Body Language: How to Know What's Really Being Said*)一书中提到,无论你正在从事哪项销售工作,在交流过程中始终留意以上问题,都能帮你精准理解你所传递和接收的重要信息。你需要问问自己看到了哪些身体语言?

请密切注意以下几点。

- "封闭"式身体语言是指将身体向内收的一串手势、动作和姿势。例如,几乎没有目光接触,不断交叉双臂或双腿,或者用手理头发。如果看到这样的一连串的身体语言,那么其他人会本能地感觉受到了排斥。
- 当人们感觉安心的时候,就会表现出"开放"式身体语言,这是一种欢迎、放松和殷勤的态度。如果人们的态度积极开朗,他们的手通常会放在对方看得到的地方,很可能手掌摊开,双腿和姿势都悠闲放松,并有良好的目光交流。

因此,问自己几个问题:我正在发出什么信号?对方将如何解读?这些解读符合我的意图吗?我是否正在表现出不安、无聊、恐惧、紧张或者敌意?首先要识别传递错误信息的消极身体语言,然后你就可以有意识地将其转变成更加积极的信号。本书的第 11 章对此进行了更加详细的探讨。

普通人视而不见，听而不闻，触而不觉，行而不知，言而不思。

莱奥纳多·达芬奇（Leonardo da Vinci）
意大利艺术家、博学家

2. 视频会议

视频会议虽然也为双方提供了见面机会，但不如当面会谈那样效果好。如果你遵照上述建议，也能够使其发挥最佳效果，并避免落入一些常见的陷阱。

3. 电话沟通

如果你无法进行当面会谈或视频会议，那么电话沟通也有一定效果。无法看到对方，你在交流中就失去了传递意义的重要途径，因此，你需要注意措辞和语气，以确保自己的意思能够被对方正确地理解。

4. 电子邮件

使用电子邮件实际上意味着你只能利用文字了——因此请对其善加利用。据我所知，通过电子邮件建立起来的良好客户关系寥寥无几，因此请尽可能使用其他沟通渠道。

远程沟通

让我们更加详细地探讨一下视频会议与电子邮件,并给你一些重要提示吧。

视频会议

在销售流程中,视频会议这种沟通方式越来越受欢迎。随着市场变得更加全球化,采用这种技术比安排"传统"的会议更方便、更快捷,成本也更低。

虽然你在沟通中仍然可以看见对方,但你还是需要考虑到一些重要的差别,才能充分利用这种新方法。这种方法通常不像当面会谈那样能够传递非语言交流。因此,无论你使用 Skype(一款即时通讯软件)还是其他会议设备,以下十项重要提示都应该很有用。

1. 你应该穿什么?你的穿着应该同正在潜在客户的办公室里进行面谈一样。如果你在那里会穿西装,那就穿上西装参加视频会议。如果你在家里,请克制"只穿一半"的冲动,不要上身穿着正装衬衫,而在桌子下面只穿短裤——万一摄像头掉下来,或者你需要起身去取些你需要的东西,那就太令人尴尬了!另外,浅色、纯色的服装在视频上通常效果最好。灰色和蓝色服装往往效果也不错,因为它们能衬托出健康的肤色并避免喧宾夺主。不要选择与你的皮肤或头发色调过于相近的颜色,因为这些颜色可能会冲淡你本人的色彩。明亮的红色、绿色或者橙色服装,以及细密条纹的上衣也最好避免,因为它们在视频上看起来要么刺眼，要么令人分神。

2. 检查你的设备。能否成功召开销售网络会议或视频会议有一部分取决于在会议开始之前花时间检查你的设备运行情况。对于潜在客户来说，没有什么比等待你解决技术问题更令人沮丧的了。

3. 有明确的议程。像当面会谈一样，尊重他人的时间至关重要。你应该准备好议程，提前分发，并确保所有与会者都清楚会议的用时和目标。

4. 有明确的基本规则。视频会议对许多人来说仍然是新技术。要清楚你在会议上的期望目标是什么，以及你将如何处理诸如客户提问之类的问题。请注意，声音/视频有时候会有延迟，因此想要再现传统面谈中所进行的自然流畅的对话绝非易事。

5. 目光对准摄像头。有时摄像头安装的位置是视频会议中你用来观看对方的屏幕的上方（或者下方）。如果你看着屏幕上的客户，那么对方就会看到你目光向下而不是看着他们，这样就无法促进双方之间产生真正的共鸣。请尽量与对方目光相接。

6. 考虑视频背景。请思考对方或其他人会看到什么。只能看到你吗？还是你的桌子？还是有人从你身后经过？如果背景里面发生太多情况，就会令人分神。另外，如果对方能看到你的桌子，请确保它干净整洁！

7. 注意噪音。音质比画质更加重要。你会惊讶于我们的日常环境能够制造多少噪音。噪音可能不会令我们分神，但是一台嘈杂的风扇、一台电脑收到新的电子邮件而发出的"叮"的提示音，或者通过一扇敞开的窗户听到外面的声音，可能都会令其他与会者心神不宁。请做好必要的工作来排除这些干扰。

8. 在会议上保持专注。在视频会议和其他形式的网络会议中很容易分神，因此请避免这种情况，并把注意力集中在会议本身。不要尝试一心多用！这个概念的外延包括，确保你在会议期间不受任何干扰，诸如你的手机、走进你办公室的人或者其他任何事情。

9. 思考你的沟通。即使在视频会议上，很多非语言交流也会丢失。你的表达需要一清二楚。展示同理心，认可对方的情感，澄清和总结都是视频会议中非常重要的技巧。它们能够确保你尽可能与客户建立友谊，尽量减少误解的可能性，并展示你在积极地倾听。

10. 跟进。你要确保在视频会议后立即发送电子邮件跟进。要明确双方在哪些行动上达成了一致，以及各人负有哪些责任。

电子邮件沟通

尽管电子邮件多年来一直是常用的商业工具，但是我们看到它要么被过度使用，要么被使用得很失败。它似乎已经从一个离线澄清和确认细节的真正有用的工具转变成在最坏的情况下让人恼火、令人沮丧和毫无效率的事物了。我们的快速回复让其他人认为我们是"随时有空"的，并且我们当中的大多数人都有过这样的经历，收到电子邮件才刚刚两分钟，就接到发件人的电话，询问我们是否收到了他们的电子邮件，因为我们竟然还没有回复！如果事情如此重要——那就打电话吧，不要发电子邮件！

好了，咆哮到此为止。以下是有效使用电子邮件的六个重要提示。

1. 有明确目的。知道你为什么要发送邮件——让收件人也知道原因。

2. 选择收件人和抄送行中要包含哪些人员。克制冲动，不要将邮件发送给太多人。有一位同事曾经告诉大家，如果他不是唯一的收件人，他会忽略这封邮件。因为他认为收件人中的另一个人或者其他人会处理邮件。如果他的名字在抄送行，他也会忽略它，因为他认为我们发送邮件是为了自身利益（为了自我保护）而不是为了他的利益。

3. 考虑收件人。收件人的沟通风格是什么？尽量让你的邮件风格符合对方的风格，因为这样做比简单地发送"意识流"信息更加能够增进好感。例如，对方偏爱全局还是细节？

4. 邮件结尾强烈要求行动。要清楚简洁——你希望收件人收到邮件后做些什么？

5. 设置电子邮件预期。帮助他人了解你使用电子邮件的方式。你多久查看一次邮件？回复邮件有多快？如果有人需要更快的回复，他们应该怎么做？我有一个朋友从不回复电子邮件——这种行为让我只能给他打电话，结果我们往往沟通得更多。

6. 不要把它当作你的"标准"沟通方式。电子邮件不能代替打电话。

成功销售需要充分利用你的时间。视频会议和电子邮件等工具都是你工具箱中的一部分。如果使用得当，它们可以助你一臂之力。然而，如果考虑不周，它们也可能会阻碍你，并降低你与潜在客户之间的关系质量。

 精彩回顾

在本章中我们认识到：

- 基本的销售模式有两种。
- 销售"标准"产品或服务时，常常使用交易型销售。
- 顾问式销售主要用于发展长期合作关系，并经常用于量身定制的销售方案。
- 当面会谈是不可替代的，但是如果无法实现，其他技术就有了用武之地——只要你遵守那些经常被忽视的基本"规则"。
- 交流中被解读的绝大多数意义来自我们的身体语言和非语言交流。请注意你自己和其他人的身体语言。请记住，你的想法不重要，你沟通的意义才重要。

销售不能与世隔绝——我们需要一位潜在的买家！但现代买家的需求是什么？他们对我们有什么看法？那就是我们下一章要探讨的内容。

第16章

识别现代买家

为了了解负责企业购买决策的人如何看待与销售人员的交流，智睿咨询有限公司（DDI）对全球的企业买家开展了一项重要研究。受访者包括来自六个国家（澳大利亚、加拿大、法国、德国、英国和美国）的2705名企业买家和参与购买流程的人员，以及来自各行各业、各个职业等级和年龄组的代表。

DDI公司特别想知道这些人如何看待他们的买卖关系，并询问了买家一系列的问题，包括：

- 他们重视销售人员的哪些价值？
- 他们对销售人员的期望是否有所改变？
- 销售人员能够为企业买家创造什么价值？

买家需要有一百只眼睛，但是卖家只要一只眼睛就足够了。

本杰明·富兰克林（Benjamin Franklin）

美国政治家

精彩练习

请思考片刻你目前的至少一位买家。

1. 请写下你认为对方想要从买卖关系和你提出的交易

中获得什么。

2.请写下你想象中对方对你的看法。

也许你写下了一份光彩夺目的自我评价；也许这些评价很公正。但根据这项研究，严峻的现实是，买家对销售人员的真实看法并不令人满意。

研究表明，许多买家对销售人员的评价并不高。以下是研究人员摘录的一些买家对销售人员的评价：

> 许多买家对销售人员的评价并不高。

- "不愿意倾听。"
- "不接受被拒绝。"
- "缺乏有关自己产品的知识。"
- "比起我的需求，对佣金更感兴趣"。
- "不理解我的情况。"

几乎没有一条响亮的认可！

要超越交易型销售就意味着销售人员应该在整个销售流程中创造更多的价值。然而，当被要求描述对销售流程的看法时，各国买家最常见的描述就是销售流程是"不可避免的麻烦事"。

> 只有6%的买家给销售行业评分"优秀"。

只有6%的买家给销售行业评分"优秀"。英国买家评分最低，53%的评分为"很差"或者"一般"。然而，总的来说，54%的买家对下面这个问题回答了"是"——你会把销售联络员当成商业伙伴吗？因此，目前有超过一半的买家从买卖关系中得到了更多的价值，尽管存在地区差异。例如，在英国只有42%的买家回答了"是"。

很多买家清晰地表达了积极的意图。例如，90%以上的客户更希望他们的销售人员成为他们的资源。然而更加令人担忧的是，有三分之二以上的买家认为销售人员的专业知识越来越差。

研究的主要发现是：61%的买家表示，销售代表仅仅以交易为目标，并不了解客户的需求。尽管许多企业、销售经理和销售人员都明白有必要超越交易模式，但许多买家却并未感觉到任何变化。报告强调，在服务和专业知识方面，销售人员例行公事般提供给买家的，和买家想从销售人员那里获得的，二者之间的差距越来越大。

因此，让我们来探讨全球所有市场的销售人员可以切实做出哪些改变。有的销售人员正在为客户创造价值，提供优质的服务，让自己的供给能够符合客户的要求，并赚取丰厚的利润！我们针对300名销售人员的调查显示，这些人员愿意改变，行事灵活，专业性强。他们能够调整自己的销售方法，并能够满足决策者们不断变化的需求。

买家想要什么

那么,买家的期望是什么?他们选择合作伙伴时会提出什么问题?以下是买家心中的20个重要问题。

你能够提供什么

1. 你的产品/服务是什么?

2. 你的产品/服务如何适应我的行业和我目前的业务成果?

3. 你的产品/服务目前和今后将如何为我提供帮助?

4. 如何保证你的产品或服务的质量?

你的公司的合法性

5. 你的公司有什么声誉?

6. 你的公司在我所在的市场中有什么经验?

7. 我公司中的其他人会如何看待你的产品/服务?

竞争

8. 为什么我应该从你这里购买产品而不是从别人那里?

价格与价值

9. 为什么我应该支付你的要价?

10. 通过购买你的产品/服务，我能够获得足够的利润吗？

时机

11. 我此刻真的需要购买吗？

12. 我可以稍后再购买你的产品吗？

13. 如果我稍后再购买，会有什么影响？

你

14. 在我的市场/行业，你有哪些相关的经验？

15. 我对你、你的产品/服务和你的公司的第一印象如何？

16. 我公司中的其他人会怎样看待你？

17. 我有可能会信任你吗？

18. 你如何帮助我实现自己的个人目标？

19. 我喜欢你吗？

20. 我能否将你视为未来潜在的商业合作伙伴？

买家担心什么

正如销售人员的酬劳依赖于业绩，买家的利益也越来越依赖于交易结果。我们需要判断和解决买家真正的后顾之忧，包括：

- 担心花钱过多；
- 担心变化；
- 担心落后；
- 担心失去；
- 担心对自己购买的产品不够了解；
- 担心没有达到自己的采购目标。

你能提供什么

作为销售人员，我们的工作就是解答买家的疑问，以及解决买家的后顾之忧。任何买家的最大疑问都是："我为什么应该购买你的产品？"

> 外面有大批竞争对手。

外面有大批竞争对手，如果我们不能清晰明确地回答这个基本问题，就要跟人竞争。客户为结果买单，那么你可以提供什么结果？

无论是普通消费者还是职业买手，大多数买家在购买之前都会经历以下决策过程：

- 我很好：我已经拥有自己需要的东西。
- 我感到有些不满意——我所拥有的不再能满足我了。
- 我决定采取行动。
- 我做了一些研究——我有哪些选择？

- 我有一些顾虑——这些顾虑是可以解决的吗?
- 我购买。
- 我确信自己买对了。

在陪同买家历经销售流程的各个步骤时,你最好记住以上决策过程。那么,让我们来重点探讨你的实际应用吧。

关于买家对销售人员有什么期待这个问题,来自不同地方的答案高度一致。毫无疑问,买家希望得到尊重,以及在适当的时候得到合理的支持和建议。下表列出了由 DDI 公司发现的买家期待销售合作伙伴表现的九项重要素质,并指明了其中最重要的一点。

	全球	澳大利亚	加拿大	法国	德国	英国	美国
产品或服务建议	67%	70%	64%	72%	76%	58%	59%
市场知识	44%	42%	44%	36%	58%	41%	41%
诚信	43%	47%	57%	40%	15%	49%	51%
定价/价格谈判	41%	47%	44%	35%	29%	49%	45%
关系建设	31%	34%	34%	24%	30%	33%	32%
交付迅速	30%	23%	22%	40%	47%	26%	24%
客户和供应商对接	24%	21%	22%	20%	36%	24%	23%
业务建议	8%	5%	6%	15%	7%	6%	7%
投资回报率分析	4%	1%	2%	13%	1%	1%	4%

请仔细查看上表。如今,所有的销售人员都被教导说,只有当你正在销售的产品符合客户想要或者需要的产品时,人家才会购买。因此,上表是本书最重要的部分之一,它体现了客户的愿望。

精彩回顾

我们在此已经探讨了很多基础理论,因此到目前为止,你应该更加了解了现代买家的身份和愿望。买家期待销售人员表现的素质也可以借由法国一位DDI公司的受访者的话做出最好的总结:"实话、诚意、产品知识和对客户需求的理解。"目前你(和你的团队)能经常做到这些吗?

本章揭示的重点包括:

- 研究表明,许多买家对销售人员评价不高。
- 只有6%的买家给销售行业评分"优秀"。
- 买家希望得到有关以下问题的答案,你的产品、企业合法性、竞争对手的价格、价格与你所创造的价值、购买时机和你这个人。他们的重点问题是:我为什么要购买你的产品?
- 买家最期待销售人员表现出四项素质:产品建议、市场知识、诚信和合理的价格。

因此,现在我们知道了买家对销售人员的看法以及买家的愿望,那么我们要如何影响买家购买我们的产品呢?我们要非常善于开发潜在客户。

第17章

有目的地开发潜在客户

有些企业的销售人员根本无须进行任何开发潜在客户的工作——这些都是通过市场营销部门或电话销售部门完成的。但在大多数企业中,当然也包括你自主经营的企业,开发潜在客户都是至关重要的。然而令人惊讶的是,销售人员居然借故不去开发客户。他们不重视持续开发活动的根源可能在于:

> 令人惊讶的是,销售人员居然借故不去开发客户。

- 害怕被拒绝;
- 不擅长管理时间;
- 不喜欢开发过程;
- 对于该做什么和该说什么没有信心。

也许你还有其他更爱用的借口?

油气田的发现,首先是在勘探家的脑海里。

华莱士·普拉特(Wallace Pratt)
美国石油地质学先驱

你可以通过多种方式与潜在客户建立关系。开发活动不仅仅局限于可有可无的陌生拜访电话。有些销售评论家认为陌生拜访电话已经进入了死胡同,但我们也知道有些企业还在继续花钱实施陌生拜访电话的策略。

因此，让我们接受现实吧，开发活动可能很艰难，令人不安，有时甚至会令人沮丧。本章将探讨这项工作的几个重要指导原则。这些观点来自精于此道的人士——销售界以颇为古老的方式称其为"猎人"。

精彩定义

广义而言，开发活动是指勘探——你可能正在勘探有价值的矿物和矿石，例如金、银或者石油。在销售领域，开发活动是指寻找潜在客户的活动。

精彩练习

当想到开发潜在客户活动时，你脑海中会浮现出什么？

是什么阻止了我们花更多的时间开发潜在客户并完成好这项任务的？

研究表明，有两个重要因素将决定你在开发潜在客户时是否成功：态度和行动。

你需要培养积极向上的态度来开发潜在客户，还需要采取积极的行动来支持开发活动。事实上，如果我们不开发潜在客户，就无法赢得新客户，我们的销售额可能就会停滞或急剧下降。因为销售具有必然性——无论我们多么优秀，总会失去客户。这是由商业的性质决定的——企业会倒闭、合并、被收购，或者你的联络员会被人取代，变化时有发生。同样，销售人员在行情良好时，也可能会落入自满的陷阱。你可能听说过"时好时坏"的说法。为了避免这样的循环，即使销售行情不错，你也必须继续开发潜在客户。

关于开发潜在客户的流言

关于开发潜在客户有很多流言，因此让我们先驱散流言，然后再来探讨如何有目的地开发潜在客户。

流言1：开发潜在客户就是销售

在开发阶段，重点不在于销售——而在于排除不符合你业务标准的人和企业。你正在寻找"黄金"，也就是有资格进入下一个销售阶段的企业。在大多数销售场景中，能够判断客户购买资质的关键问题是：

- 我的产品或服务是否能解决客户的问题？
- 客户是否有支付能力？
- 客户是否愿意支付？

开发潜在客户的任务是找到有购买资质的客户——能够购买你的产品／服务的人。只有在完成这个过程后，才能开始销售。

流言2：开发潜在客户重在数量

传统观念认为你需要联系成百上千位客户。这完全没有必要！我们公司与律师事务所有大量业务合作，而在英国有成千上万家律师事务所。我们力推的开发客户活动（包括广告和电子邮件）只针对60家律师事务所展开，并最终赢得14家优质客户。因此，开发活动的重点在于客户质量，而不在于数量。

流言3：开发潜在客户非常耗时

做得好的话，开发潜在客户可以只花几分钟时间。不要浪费时间在无心或者无力购买的人身上。你可能会决定隔段时间再次与对方联系，但是如果对方无意联系或者没有兴趣的话，请不要步步紧逼！记住你要重点关注"黄金"。

> 记住你要重点关注"黄金"。

如果你每周能花费两小时进行高质量的开发潜在客户活动，不出一个月就能看到累累硕果。

流言4：脚本根本没用

许多销售人员打电话或者当面开发客户时，没有任何脚本或者基本框架，但是开发活动若想获得成功，编写脚本是必不可少的。脚本可以让你检验哪些关于购买利益和评估客户购买资质的重要问题是行之有效的。当然，你的脚本需要为客户量身定制，确保其听起来自然不做作。但是你首先要根据有效的问题编写脚本，并根据客户需要进行修改。

流言 5：你需要在约见客户时达成交易

许多销售代表耗费大量时间预约客户面谈，然后想不通为什么好多潜在客户事后会取消约见。人们不喜欢亲口拒绝别人，因此他们答应会面，事后再通过电子邮件取消，或者在约好的会面时间放销售人员的鸽子。

你可以换成其他做法，先向潜在客户发送信息，然后再跟进，或者在初次通话时告诉客户新的或者有价值的消息。这两种策略都额外添加了一个步骤，但更有可能促成高质量的初次会面。

开发潜在客户的流程

流言探讨完毕，那么我们要如何成功地开发潜在客户？以下是可行的流程。

1. 识别潜在客户

你的潜在客户可能显而易见——如果你销售健身器材，最好与当地的体育中心联系。如果你销售葡萄酒，持有卖酒执照的商店将会是一个不错的选择。但是，对于许多产品和服务来说，潜在的最终用户并不总是清晰明了。所以你必须首先确定你开发客户的标准。你想和谁做生意？然后你要去找到这些企业或者个人。在寻找过程中，你也可以使用营销工具帮忙。

2. 计划和研究潜在客户

一旦你识别了潜在客户,就有必要在初次联系对方之前做好计划工作。

当你与客户通电话时,把你的研究结果精炼成你想说的话——重点问问自己:

- 我能帮助客户吗?
- 如何帮助?
- 我以前做过这样的事吗?
- 我能创造什么价值?
- 我有案例研究或者证明书来支持上述内容吗?
- 客户可能在我这花多少钱?
- 谁是合适的联络员?

确定给客户打电话的**有效商业理由**——理由可以包括企业重组计划、新近购买的产品、裁员,或者新近空缺的职位。

精彩练习

你认为能让一位潜在客户愿意与你交流的有效商业理由(valid business reasons, VBRs)有哪些?

请思考你是否真心想要潜在客户变成顾客：

- 对方的个人资料是否符合你理想中的客户资料？
- 对方是否有能力达到你的目标价格点？
- 对方是否有能力购买你的最小起订量？
- 竞争对手是谁？我们能了解到什么？

想好上述问题后，你就可以联系对方了。在我们的卓越销售力调查中，超过300名成功销售人员选中了以下选项：

- 在客户的营业场所进行销售；
- 寄送产品样本；
- 发送自我介绍的电子邮件；
- 直接邮寄广告；
- 直接打电话；
- 从客户或供应商处获得推荐信；
- 启用电话销售专家；
- 有针对性的定向广告；
- 举办研讨会；
- 在会议上发言；
- 公关营销；
- 贸易展览；
- 拓展客户关系网活动。

3. 计划初次通话

在许多业务场景中，你要通过打电话来初次联系客户。当你打电话给企业时，你应该谈论对方和对方的业务，而不是你和你的公司。

你打算说些什么？请确定你这通电话的结构和内容，最好能够找时间排练你要说的话。

编写一个基础脚本。脚本有助于衡量你做得是否足够好，并且看似矛盾实则正确的是，脚本能让你更放松，从而集中精力去听客户的回应，因为你已经知道自己下一句要说什么了。

请思考你可能会遇到的任何异议——它们可能是什么？你将如何处理？

可能的异议	解决异议的方法

4. 进入大脑活络的状态

请确保自己处于大脑活络的状态，然后再给客户打电话。这点很重要！更多相关内容请参阅第三部分——发挥你的影响力。

为了实现这次电话访问的目的，请尝试以下做法：

- 用语言鼓励自己：潜在客户会喜欢我；公司将因我的服务而盈利；我想了解更多关于客户的情况；私人助理是开门人而不是看门人；
- 舒展肢体，感觉身体放松；
- 站起来，你会感觉更好，更有把握；
- 微笑，让你的人和声音都放松；
- 听听音乐，播放你最喜爱的令你振奋的曲调；
- 散散步；
- 跟你喜欢的人说说话。

5. 初次给客户企业打电话

你初次打电话给潜在客户很可能是与其私人助理交流，或者你可能很走运，能够直接与潜在客户交流。

如要了解你与私人助理的初次通话结构可以翻看《销售人员拜访手册》。

请对私人助理们表达充分的尊重。向对方解释你的提议时要把他们当作决策者。你会惊讶地发现，几乎所有老板都会相信自己私人助理的意见。请把这些人当作潜在的盟友，而不是障碍。如果你将对方视为障碍，那么失败的概率就会很大。

> 倾听对方的语言，并匹配他们的语言。

与你正在交流的人建立友谊。你可以轻而易举做到这一点，只需牢记，重点不在于你说什么，而在于你怎么说。因此，请集中精力倾听你正在影响的人的说话方式：语速、音量、音调，以及对方的呼吸方式。此外，请倾听对方的语言，并匹配他们的语言。请记住，在电话里，我们只能关注声音和话语。

6. 初次给潜在客户打电话

以上全部内容也适用于初次打电话给潜在客户。请记住，你在此的主要目标是与潜在客户预约。打电话的时间最好安排在上午，并且要避开周一或周五。

如要了解初次给潜在客户打电话的通话结构可以翻看《销售人员拜访手册》。

7. 跟进所有的电话

请坚持使用电子邮件来跟进电话沟通，确认双方所说过的以及达成一致的内容。这样可以增进双方的信任，对于喜欢反思谈话的客户来说也有好处。

如果潜在客户同意与你会面，那么你就抓住了契机，可以专心准备初次面谈了。

精彩回顾

当然，开发潜在客户的活动有时可能很艰难，但也有希望挖到真金。如果你在销售工作中必须要开发潜在客户，那么你需要：

- 摒弃开发潜在客户的流言——它们只是按兵不动的借口；
- 采取积极的态度；
- 经常关注开发活动；
- 创建并遵循一个经得起考验的流程，这将确保潜在客户尽快变成买家。这个流程可能会包含以下步骤：识别潜在客户，研究对方，计划初次通话，进入大脑活络的状态，打电话并跟进。

遵循以上四个原则，你很快就能得到一些面谈的机会！

第18章 与潜在客户初次面谈的注意要点

你已经打过电话,做好了预约。现在,你有机会来探明潜在客户的愿望,并开始把自己当作解决问题的专家和可信的商业伙伴推销出去了。

客户做出购买决定前可能需要一次或者几次面谈,这取决于你的市场和销售方法(交易型或顾问式)。也许你初次面谈就能拿到订单,这种情况常常出现在快速消费品(fast-moving consumer goods,FMCG)市场。

如果可能的话,在初次(最好还有后续)面谈中多带(与此次交易相关的)一个人;"二合一"销售确实有些好处——让买家觉得面谈更加有趣,减轻了双方压力,并能在面谈中得出更多的创意。正应了那句老话——三个臭皮匠,顶个诸葛亮!

在初次面谈时,请确保你能够想方设法为客户创造价值。赴会时请准备好有关潜在客户的企业或者市场的新消息。在我们的调查中,有92%的成功销售人员承认自己经常尝试培训客户。

你得到报酬不是因为花了时间,而是因为你令所花的时间产生了价值。

吉姆·罗恩(Jim Rohn)
美国企业家、作家和励志演说家

在下次与潜在客户面谈之前请仔细考虑以下具体问题。

多做研究

客户会对无聊的问题感到厌倦。如果你提出以下问题,对方会暗自嘀咕或者明着打哈欠:

- 那么——生意怎么样?
- 能说说贵公司的组织结构吗?
- 贵公司的市场现状怎么样?

你应该知道这些情境问题的答案!只有做好研究——使用互联网,阅读市场期刊,与你公司中的同事交流,用事实武装好自己——才能了解情况。如果买家被问到对自己毫无价值的问题,就会失去兴趣。因此,要为所有面谈做好准备,深入挖掘企业现状。

保持耐心

我们在共事过的许多销售人员身上看到的一个主要问题是,销售人员经常过早放弃。你会在初次见面时就向自己未曾谋面的人购买产品吗?

我曾花了12个月的时间来感化一位快速消费品客户,但对方的第一笔订单就是我那个季度最大的一笔订单!我们最近还赢得了排名前15的会计师事务所的部分业务,整个过程历经18个月和五次面谈,而对方第一笔订单的价值就远远超过了17 000英镑。

如果你还是无法相信这个事实，请允许我们跟你分享一些能让销售人员大吃一惊的统计数据：

- 48% 的销售人员从未跟进过潜在客户；
- 25% 的销售人员尝试第二次联系，然后放弃；
- 12% 的销售人员只进行三次联系，然后放弃。

由此可见，只有 15% 的销售人员联系潜在客户超过三次。那么这又意味着什么呢？好吧，这意味着 85% 的销售人员一直在浪费黄金销售机会！

> 只有 15% 的销售人员联系潜在客户超过三次。

因为：

- 2% 的交易是在第 1 次联系中达成的；
- 3% 的交易是在第 2 次联系中达成的；
- 5% 的交易是在第 3 次联系中达成的；
- 10% 的交易是在第 4 次联系中达成的；
- 80% 的交易是在第 5 到第 12 次联系中达成的。

因此，如果你像其他大多数销售人员那样只跟进潜在客户一次，甚至不跟进，就等于把 98% 的收入留在桌上，等着其他人来拿走。

> 80% 的交易是在第 5 到第 12 次联系中达成的。

提供见解

在本书中，我们多次提到提升个人品牌价值并成为影响力关键人物（KPI）的重要性。尽快为新开发的潜在客户提供见解是你能够立即被其视为KPI的天赐良机。你可以提出能让客户提高认识的问题来启发对方。我们所谓提供"见解"的意思是向潜在客户（或现有客户，因为提供见解可用于销售流程的各个步骤）提供对方认为有价值的信息，包括：

- 有关市场趋势的信息；
- 能影响客户业务的地区差异；
- 新的或者相关的立法；
- 来自外部资源的、对于客户产品或服务的反馈；
- 对其他客户收效良好的做法案例。

精彩回顾

以下总结了初次面谈中的重点：

- 在每次面谈中坚持为客户创造价值。
- 如果可能的话，多带一个人参加你的初次面谈。
- 多做研究，记住买家很容易感到无聊，而且经常对销售人员不以为然。
- 保持耐心，记住你并不总能第一次就淘到黄金。

◉ 有意识地努力为潜在客户提供见解。

　　如果你在与潜在客户的初次面谈中表现出色,就能有机会去寻找帮助客户的方法,即弄清楚客户的愿望和需求。

第19章

识别潜在客户的愿望和需求

无论你从事的是交易型销售还是顾问式销售，都不可避免地要花时间识别并认同潜在客户及其企业的愿望和需求。请不要急于推销，人们不喜欢被推销。你觉得呢？如果我们知道对方正试图推销某件产品，我们往往会采取防守姿态。因此，请暂停推销！要建立客户关系，培养信任，认真倾听，并且不要让客户看到你公然的推销行为！

如果你能帮助他人得到他想要的东西，你就能得到你想要的一切。

齐格·齐格勒（Zig Ziglar）
作家、销售人员和励志演说家

在这个阶段，你要努力识别客户的需求和愿望。二者有哪些区别？

 精彩定义

需求是指你必须拥有的东西，是生存必需品。

愿望是指你想要拥有的东西。愿望具有情感吸引力。我们再怎么强调也不过分——愿望通过情感之绳牵动着欲望。

愿望关乎情感，而需求关乎具体交易中的明确内容。

一般来说，人们喜欢购买自己想要的产品，而往往不会购买自己需要的产品。这也许是因为人们把想要当成了需要，而他们对于需要的看法可能大错特错。请注意！潜在客户往往并不知道自己想要什么。这可能是因为他们不知道有什么产品。正如亨利·福特（Henry Ford）所说："如果我问我的顾客想要什么产品，他们会回答说跑得更快的马！"买家有时需要教育，以便他们想要的是正确的产品（希望这正是你的产品/服务）。

你家里使用织物柔顺剂吗？1969年，联合利华（Unilever）公司在英国进行推广柔顺剂之前，几乎没人求购该产品。而如今，大多数现代化的洗衣机都装有一个可以自动添加液体（如织物柔顺剂）到衣物上的分配器，它的市场价值达到了每年十亿英镑。

你还记得2008年12月伊拉克记者蒙塔扎尔·阿尔－扎伊迪（Muntazar al-Zaidi）向时任美国总统的乔治·W. 布什（George W. Bush）扔了一只鞋吗？随后他被监禁。而生产这双鞋的伊斯坦布尔鞋业公司的老板拉马赞·巴伊丹（Bay Rama）随即被订单淹没，不得不另外招募一百名员工来应对市场需求。许多买家可能并不需要一双新鞋，但他们绝对想要这双鞋！

SPIN 销售法

我们可以通过提出问题和认真倾听来识别潜在客户的需求和愿望（更多相关内容请参阅第三部分——发挥你的影响力）。具体来说，当你处于需求识别阶段时，记住 SPIN 模型将是明智之举。英国研究心理学家尼尔·拉克姆（Neil Rackham）发明了SPIN销售系统，他的企业荷士卫公司（Huthwaite Inc.）已经将该系统传授给全球数百家企业。该系统的开发包含了长达12年、对35 000个销售场景的研究和分析。

在拉克姆的《SPIN销售法》（*SPIN Selling*）一书中，介绍了该系统的核心在于对四类问题的精确排序，使销售人员能够按照逻辑，将对话从探索客户需求推进到设计解决方案，或者用拉克姆的话来说，就是揭示客户隐藏的需求并使其成为你这位销售人员可以解决的明确需求。SPIN是世界上研究最透彻的销售方法，并且以成功销售人员为识别潜在客户的需求和愿望所做的日常工作为模板。SPIN在复杂的或大额的交易中，或者在你使用顾问式方法进行销售时，尤其有用。

这个模板对于潜在客户和现有客户同样适用。

以下是拉克姆确定的四类问题。

1. 情况型问题

每位成功的销售人员在销售电话中都会首先评估业务范畴，即通过提问来澄清客户的现状，因此情况型问题对于收集信息是至关重要的，但是也有意外情况。荷士卫公司的研究发现，尽管情况型问题很有价值，但也有可能会被缺乏经验的销售人员滥用。

在大额交易中，请尽量减少闲聊，集中精力找到可用于了解买家业务情况的背景细节。重点在于首先了解潜在客户业务的宏观背景，然后再放大查看细节。

不要用问题来向客户探听你在打电话之前、在研究阶段就可以轻易获得的信息。请记住，当你滥用这些问题时，客户会感到失望。

情况型问题的示例有：

- "您的立场是什么？"
- "您目前的供应商是谁？"
- "除了您自己以外，关键决策者还有谁？"
- "您对企业的愿景是什么？"

精彩练习

你会提出什么样的情况型问题？

2. 难题型问题

有经验的销售人员经常提出精心设计、用于识别客户难题的问题。你的经验越多，就越想要发现难题。你开始明白，客户的难题给了你一个为对方服务的机会。但有一点需要注意：荷士卫

> 你的经验越多，就越想要发现难题。

公司的研究表明，这些问题的有效性与客户所考虑的交易规模成反比，而且在小额交易中最为有效。

此处的陷阱是迫不及待地展示购买利益。试图直接销售只会引起客户的异议。

难题型问题的示例有：

- "您目前在业务中面对的主要难题是什么？"
- "您对目前的供应商有多满意？"
- "您在这方面遇到了什么障碍？"
- "这些难题是如何显露出来的？"

精彩练习

你会提出什么样的难题型问题？

3. 暗示型问题

这类问题是关于"客户难题的影响、后果或者暗示"的问题。它们与大额交易的成功密不可分，却比情况型问题或难题型问题更加难以表达，但它们对于推进大额交易至关重要。

这一阶段的目标不是直接指出客户的难题（这也可能会引起

异议），而是引导客户看到（并感觉到）难题。通过向买家提出能够引出难题含义的暗示型问题，让买家感到难题带来的痛苦，从而驱使他们选择你的产品/服务。

人们喜欢避开痛苦或者接近快乐（更多相关内容请参阅本书的第一部分）。这些问题是为了让难题对于买家来说更加严重。

暗示型问题的示例有：

- "这个（难题）会产生什么影响？"
- "如果置之不理，它会造成哪种风险？"
- "收入减少对于业务增长意味着什么？"
- "如果您听之任之，会产生什么后果？"

精彩练习

你会提出什么样的暗示型问题？

4. 解决型问题

在更加复杂的交易中，解决型问题与成功密不可分。当你与最高决策者（或者那些能够影响决策的人）交流时，这些问题会格外有用。它们能让客户把注意力集中在解决方案而不是难题上，并能鼓励客户（在你的帮助下）总结出你的解决方案能够为其企业带来的购买利益。此处的重点在于解决难题的"乐趣"。良好的解决型问题既能预防客户异议，又能赢得客户的认同。

解决型问题的示例有：

- "解决这个难题对您来说重要吗？"
- "您认为一个更快的供应链解决方案能够帮到您吗？"
- "哪种解决方案最能满足您目前的需求？"
- "如果对此采取行动，您能看到哪些购买利益？"

精彩练习

你会提出什么样的解决型问题？

成功者如何进行销售

SPIN 销售法所遵循的逻辑是常识，而常识的问题在于它往往并不那么常见！

正如拉克姆所承认的那样，SPIN 模型并不是一个革命性的发现。通过把这四类问题有序排列，拉克姆给出了 SPIN 销售模型的精简定义，即"电话沟通顺利的时候，大多数成功销售人员在行情良好时所采用的销售方法"。

> SPIN 销售法所遵循的逻辑是常识。

要让潜在客户感觉到你的用心，让客户轻松下订单。不要只关注销售，而要识别交易中的难题和问题，并提出能够给买家增加压力的问题，从而让对方有机会看到解决难题的好处。

> 不要只关注销售，而要识别交易中的难题和问题。

 精彩回顾

本章中探讨买家和潜在客户的最后一节是关键。如果你无法识别并认同买家的愿望，那么你就可能无可救药地试图用你的产品/服务解决一切出现的难题。以下是对本章内容的总结：

- 愿望与需求有所不同。买家会购买自己想要的产品；
- 你可以通过精心安排的提问和认真倾听来了解买家的愿望和需求；
- 提出这些问题的顺序是SPIN（情况型、难题型、暗示型、解决型），它模拟了成功销售人员所提出的问题。

识别潜在客户的愿望和需求至关重要，但为了确保交易达成，你还需要成功地讲解销售计划书或者产品/服务。你必须注意销售流程中的几个重要因素。本书下一章将重点探讨这些内容。

第五部分

提出解决方案

还记得从事销售工作的第一天,我做好了充分的准备。经过了为期六周的严格培训,我对许多重点产品线的掌握已经无懈可击。我开着干净闪亮的新车,提着充实整洁的手提箱,皮鞋锃亮,西装笔挺,衬衫熨帖。我肩负重任,整装待发!于是我遍寻买家和潜在客户,与他们侃侃而谈——人数相当众多。我不遗余力地向对方介绍我们无与伦比的各种产品。然而,那一天并没有人向我购买产品,尽管我的销售演讲(我认为)天衣无缝!但是一个星期过去了,向我购买的客户屈指可数。我感到十分焦虑。按照约定,我的地区经理要与我共同访问客户,这让我更加焦虑。在与我共事了一上午之后,他立刻提出了一针见血的反馈意见:"你的产品知识没问题——你了解自己的产品。但是你没有把它和客户联系起来。你要销售的是解决方案,而不是产品。"这在当时真是极好的建议,现在仍然是。

因此,本部分的重点就是为现有客户和潜在客户提供解决方案。你们正在销售的解决方案可能复杂多样,有日常快速消费品交易,有两分钟电话推销,或者是参与部分采购工作,而采购的整个过程可能要花费数周和无尽的纸张。无论你处于哪种情况,了解客户的兴趣所在都能帮你改善向客户提供解决方案的方式,使其具有吸引力和说服力,并以客户为中心!

本部分将重点讨论如何立场坚定、观点清楚地说服客户,也

将回答以下重要问题:

- 如何使用听起来不虚伪的利益销售法?
- 如何判断销售时的重点?
- 计划书中应该包含哪些内容?
- 如何成功地准备正式的销售演讲?
- 有说服力的演讲看起来如何,听起来如何,感觉起来如何?
- 如何有效应对坦率的异议?
- 达成交易与拿到承诺有什么关系?

第 20 章

如何定位你的产品或服务来吸引客户

许多文章都曾描写过销售中的产品特点和购买利益。本章的目的是要撇去浮华，专门探讨定位产品或服务的重点。花时间针对你的目标市场清楚地说明购买利益，提供这样的信息能够引起买家的共鸣，从而提高你的产品或服务的销售额。

> 未来的重点在于设计和销售人们完全意想不到的电脑。
> 亚当·奥斯本（Adam Osborne）
> 美国企业家、便携式电脑先驱

让我们先来弄清楚一些概念的区别吧。

精彩定义

特点是指产品或服务的任一特征，无论潜在客户或现有客户购买与否，都保持不变。这些特征包括尺寸、质量、付款条件、专业化、技术细节、产地、产品规格（包括尺寸、重量或颜色），或者能够描述关于产品/服务或公司的细节的任何其他相关内容。

优点是指服务的表现特征，它描述了使用方法或者对客户的好处。优点来源于特点。例如，能够一次复印两面的复印机，或者能够提供无线网络连接的咖啡店，都属于优点。

购买利益是指因为产品/服务具有能够满足客户需求/愿望的某个优点，从而使买家得到的有利结果。购买利益能够清楚地说明你的产品/服务是如何满足客户需求的。购买利益描述了产品/服务的优点能够为特定客户创造的个性化价值，而客户要由其独特目标和业务重点来定义。

USP——独特的销售主张——是指你或者你的公司所独有，而其他企业没有的。

主要优势是指在某方面强于主要竞争对手的特点。

 完美案例1

特点：助力转向系统

优点：助力转向油被压缩进助力转向缸，有助于减少转动车轮所需的动力。

购买利益：使停车更容易——缩短进入狭小空间所需的时间。

▶ **完美案例 2**

特点：腕表

优点：告诉你准确时间。

购买利益：确保你重要的约会不会迟到。

想想吧，重点在于购买利益，而不是优点或者特点。客户想要购买的是利益，而我们却往往在推销特点。我们购买汽油不是因为这种液体本身的价值，而是因为我们要出行。没有人购买钻头是因为想要钻头，而是因为他们想要钻一个洞。告诉你一个事实真相：跳伞者并不需要降落伞本身，他们需要的是降落伞的用途。具体来说，他们需要一种工具，使自己在落地之前减缓降落速度。如果有什么好方法比降落伞更能减少冲击，那么降落伞就去日无多了。想想打字机或者计算尺的下场吧。

尽管我们有时好像很喜欢某些产品，但我们所追求的其实是该产品的购买利益，通常不是特点，也不是优点。这并不是说特点不重要。有些买家真心对产品特点感兴趣，那么你就不应该简单地敷衍了事。请一如既往地留意买家的兴趣所在。

在销售中，我们最好明白人们通常购买的是利益，而不是特点或者优点。无论你是 B2B 销售、B2C 销售、网络销售、零售，还是专业服务销售，购买利益都是你的产品或服务的卖点。诀窍在于无论是当面销售还是电话销售，都要让你的演讲和对话目标明确，以便向客户展示**你精心选择的**购买利益——而不是特点。由于买家现在更加精明，他们将会因为特点—购买利益模型使用不当而失去兴趣，该模型出自交易型销售方法。

> 人们通常购买的是利益，而不是特点或者优点。

销售购买利益

在撰写销售演讲稿时，你可以帮助自己区分特点和购买利益，方法是列出一个产品特点，然后使用"这意味着"和/或"因此"这样的词语将其与一项购买利益联系起来。例如：助力转向系统有助于减少车轮转弯时的阻力，这意味着它让停车更容易，并减少进入狭小空间所需的时间。

你的沟通重点应该是你的产品/服务能够如何解决、处理、改善或者减少特定客户/潜在客户所描述的难题。

此处的重点可以用一句话来概括就是：

大多数买家购买你的产品/服务是因为它们所带来的利益（因为难题正在得到解决），而不是产品/服务本身所具有的某些特点。

如果你认真思考，就会发现大多数最高利益都关系到：

第五部分 提出解决方案

221

- **金钱**：该产品或服务可以帮助买家赚钱或者省钱，从而提高竞争力。
- **时间**：该产品或服务可以帮助买家节省时间，或者腾出时间做其他事情，从而提高效率。
- **自我**：该产品或服务以某种方式让买家感觉良好或者让其工作/生活更加平衡。

但是请不要销售大众化的利益。展示购买利益的诀窍是重点关注你所面对的客户的具体问题和难题。所有的购买利益都应该以客户为中心。

> 所有的购买利益都应该以客户为中心。

如果你只关注大众化的利益，就会失去客户的信任。具体的购买利益必须得到产品特点的支撑。一句话就能说明购买利益，例如"我们的新软件能够提高多达 20% 的生产率，每年能够为你节省 29 000 英镑，并将在 14 个月内赚回成本"，必须伴随着能够产生所说利益的产品特点，否则你的目标市场无法相信这些购买利益的真实性——购买利益将失去可信度。

重点关注客户

有许多销售人员落入了耗费太多时间推销产品特点的陷阱。圣诞节刚过，我想买一台纯平电视。当我走进商业街上的一家店铺，售货员就开始滔滔不绝地跟我讨论像素、彩色红外解码命令和兼容的高清晰度多媒体接口设备。而我所看重的是，电视机可以漂亮地挂在墙上，画面质量好，并且对儿童无害。但是，对方并没有询问我想要什么。几分钟后我不得不打断他的话并告诉他我真正想要的！

他得到了第二次机会，我的确购买了一台电视机。但是你可能不会得到第二次机会提出解决方案，因此你需要知道拿出有说服力的信息的最有效的方法。买家购买产品永远是为了避开困境（如本案例中，我的电视太占客厅空间）和/或接近快乐（如本案例中，大大改善的画质和高清显示器）。客户总是为了解决具体问题而购买产品。

我曾见过来自大型企业的业务专家在销售演讲中加入以下类型的信息：

- 公司成立的日期；
- 拥有办公室的数量；
- 提供的多种服务；
- 销售团队的组织结构。

除非关系到买家的购买利益/难题，否则以上信息都无关紧要。

大多数产品或服务都拥有众多吸引买家的特点。诀窍就是让你的游说符合潜在客户/买家的利益。购买利益的重点会随着不同的目标受众而发生改变。在很多时候，有多位决策者（和影响者)参与了购买决策。那么你就必须根据每个人调整销售素材和演讲内容。

> 让你的游说符合潜在客户/买家的利益。

在许多销售场景中,你知道竞争对手是谁。有一个步骤必须在决定销售重点之前进行,那就是判断买家可能会对什么最感兴趣。

基本上,销售工作的重点应该是独特的销售主张(如果你能想到的话)和优势。现实中,由于竞争激烈,你可能无法提出独特的销售主张。因此,你要关注主要优势,从客户的角度出发思考问题。

"共同点"和"劣势"两项很可能是你要面对的一些异议。

精彩练习

请尝试以下活动。

1. 具体确定一个你要沟通的客户群体。

2. 用不多于25个词描述你的产品或服务。

3. 列出你的产品或服务能够为该客户群体解决的难题和/或满足的需求。

4. 脑海里想着以上信息并填写下表。

5. 使用"那又怎么样?"测试并检验对特点和购买利益的每句说明。构想这些说明的一个困难是,某个产品特点能产生的购买利益对你来说十分明确，以至于你认为你的目标市场也能很容易看到。这真是危险的假设！如果某句说明确实没有说服力，那就从销售演讲中删除吧。

现在你已经拥有了如何定位产品或服务的基本点。与竞争对手相比，以下就是你一较高低的方面：

与竞争对手相比，独特的销售主张	优势	共同点	劣势

 精彩回顾

本章重点探讨了如何定位你想要销售的产品或服务。总而言之，你要记住以下重点：

- 许多买家对产品特点本身根本不感兴趣；
- 特点、优点和购买利益是有区别的，成功销售人员知道这三者之间的重要性排序；
- 买家购买的是能够解决具体难题的利益；
- 选择能让你的产品或服务优于竞争对手的购买利益。如果你确实有独特的销售主张，请告诉买家！

你们当中有些人会通过当面会谈或者电话沟通来定位

你的产品或服务，但是绝大多数还是需要某种形式的书面销售计划书。除非知道如何成功地撰写计划书，否则我们就无法满足潜在客户的需求，从而会降低销售成功的概率。

第21章 撰写漂亮的销售计划书

在当今竞争激烈的市场赢得交易往往意味着你不得不撰写销售计划书。无论你是想赢得新客户，还是向现有客户销售创意，你的销售计划书不一定能帮你赢得交易，反而有可能让你轻易失去交易。

很少有作者会考虑自己在报告中要传递的信息。

布鲁斯·罗斯－拉森（Bruce Ross-Larson）

《精彩报告》（Riveting Reports）

取得业绩

你的计划书是销售文件，而不是技术文件。在向现有客户或者潜在客户出示的每一份计划书中，你都无可避免地要展示自己的可信度、对客户的理解，以及以客户为中心。你该如何撰写高质量的销售计划书，从而取得业绩？只要遵循以下十条原则，就可以赢得交易！

> 每一份提案中，你都无可避免地要展示自己的可信度、对客户的理解，以及以客户为中心。

1. 探听计划书的标准

当你和潜在客户/买家会面时，如果双方已经达成一致意见，认为你该撰写销售计划书了，那么请花些时间来判断决策者想要在计划书中看到什么内容。

当你探听出客户的标准，请加以总结，然后通过电子邮件进行确认。在落笔之前，你必须拿到大量客户认可的意见，并在计划书中明确显示出以客户为中心。

2. 少承诺，多做事

请先认真思考，然后再承诺在某个日期前把计划书交给客户。无论客户有多急切，大多数计划书都无须提前完成。你也知道，当你乘坐的列车中途停车，而乘务员通知你说几分钟后就会开车，这样的情况有多么令人不快。如果 20 分钟后你还困在原地，那么感觉就更加糟糕了。因此请避免落入这样的陷阱，最好根据实际情况选择一个日期，然后提前完成计划书。这样你就做到了少承诺，多做事。客户都很欣赏这样的做法。

3. 确保计划书以客户为中心

当你开始撰写计划书时，请确保以客户为中心。客户需要知道你听到并理解了他们的要求。客户期望你对他们的要求做出回应，无论这些要求是口头提出的还是以正式的征求建议书（RFP）形式提出的。如果潜在客户向你发送了 RFP，请认真阅读。大多数 RFP 里面都含有关于你的销售计划书要提及的具体要求。因此，请按照对方的要求做！

使用客户的语言——判断对方关注的焦点和难题。一定要让你的计划书符合你在销售需求分析阶段所确定的客户需求或者愿望。在计划书中要始终提到客户的名字。我在初次面谈中做记录时，总是会记下具体的词语，然后在计划书中将这些敏感词反馈给买家。这样做表明你的确做到了认真倾听，并对客户的要求感同身受！

4. 头脑风暴

无论是独自撰写计划书还是作为团队的一员，请花点时间进行头脑风暴。

找出你要在计划书中用到的大量素材，然后将其削减至可控的信息量。

一旦头脑风暴结束，你就可以开始列出计划书要点，并准备草稿。

5. 使用模板

创建一个适用于每份计划书的基础模板，它将为你节约时间。一份典型的计划书内容将包括：

- 执行摘要；
- 内容介绍；
- 识别难题/挑战；
- 备选方案；
- 建议书；
- 操作流程——体现满足潜在客户需求的各个步骤；
- 所需资金；
- 总结。

6. 妙笔生花

我们的写作风格各有不同，但如果遵守以下几个基本原则，你的计划书会变得更易于阅读和评估：

- 使用章节标题帮助读者理解计划书的逻辑。
- 避免混淆句子结构——保持句子简洁而连贯。

- 避免使用读者不易理解的单词、短语或者三个字母的缩写词。
- 使用 10~12 号字体。
- 限制段落长度。冗长的段落看起来文字过多,因此请限制每个段落的长度不超过 10 行。
- 在文字中插入一些图片和配图。效果良好的计划书配图可以包含图表、照片、漫画、曲线图和示意图。
- 使用拼写错误检查器。

7. 证明计划书中的所有说法

> 买家对夸大其词的说法会心生警觉。

买家对夸大其词的说法会心生警觉。请确保你能够证实自己的说法。使用现实生活中的事例和案例研究来证明你的公司与竞争对手不同,甚至比对方更好的地方。

8. 提供备选方案

我们往往将计划书定位成用于讨论的文件,然而它们看上去可能会过于正式,而且限制条件颇多。你要拿出几套备选方案,以使买家觉得拥有更多的选择。理想的情况是,你的计划书应该囊括所有的备选方案——包括客户的竞争对手是谁,他们可能提供什么以及置之不理的后果。而频频发生的情况是,计划书完成得过于仓促,范围过于局限。请确保你为客户留有创新和增补内容的余地。

9. 写下强有力的执行摘要

执行摘要往往是你最后才落笔,却是客户最先读到的内容。它汇总了你的计划书中的所有要点。

让我们现实一点吧。大多数买家,尤其是参与决策过程的其他人,都会选择不读完整个计划书。因此,请确保你的执行摘要准确、有趣,并且具有说服力——不要卑躬屈膝或者不吝笔墨地感谢买家给你这个机会。客户应该毫不费力就能看到你对重要问题的回应。

10. 如果可以,跟进并讲解

理想的情况是,你在交付计划书的同时,可以讲解计划书。然而实际情况并非总能如你所愿。如果你无法正式讲解,请向客户发送该计划书的软硬拷贝,并确保计划书看起来很棒。发送后要尽快致电询问客户反馈意见。

如果你能够正式讲解计划书的各项内容,那么你赢得订单的可能性会立刻提高,因为你可以回答客户的提问并补充信息来支持你推荐的解决方案。

精彩回顾

你的销售计划书不一定会帮你赢得交易,反而有可能让你失去交易。但是,如果你能记住撰写漂亮计划书的十条原则,就能帮助自己赢得这笔交易:

1. 探听计划书的标准;
2. 少承诺,多做事;
3. 确保计划书以客户为中心;
4. 头脑风暴;
5. 使用模板;
6. 妙笔生花;
7. 证明计划书中的所有说法;
8. 提供备选方案;
9. 写下强有力的执行摘要;
10. 如果可以,跟进并讲解。

如果你能够进行销售演讲,那么下一章将给你一些建议,告诉你在销售演讲时如何对客户施加真正的影响力。

第22章

准备稳赢的销售演讲

销售演讲的形式各异。以下是大家在销售演讲时所采用的不同方式：

- 可正式，也可非正式；
- 可单兵作战，也可团队出击；
- 可面对一位或几位受众，也可面对大批受众；
- 可长可短；
- 可提问，也可不提问；
- 可使用视觉辅助工具，也可不使用。

目前你是如何进行销售演讲的？关于演讲的好书有很多，而本书将重点探讨销售演讲。无论你和你的公司如何进行销售演讲，这都是你们盈利的关键所在。演讲的重点在于表现——如果表现错误，你可能会立即被客户扫地出门；如果表现正确，你的演讲就会让你脱颖而出并赢得交易。像销售工作的其他方面一样，一切从准备开始。

如何为一次正式演讲撰写精彩的演讲稿

人时常会绊倒在真理面前，但是大多数人都会爬起来并匆匆离去，好像什么都没有发生。

温斯顿·丘吉尔（Winston Churchill）
英国政治家

本章是针对那些也许刚刚交付了销售计划书，必须马上进行正式演讲的销售人员。成功准备销售演讲的流程有六个步骤。让我们来详细探讨每一步。

1. 明确目的

准备工作的第一步是确定你为什么而演讲及你希望达到的目标。演讲稿中必须有具体目标，这一点至关重要。你的目标并不一定总是"带着订单离开"，但有可能会包括"被允许与主要决策者面谈"，或者"确保主要决策者了解我们的独特销售主张以及给他们的业务带来的好处"，或者还有其他内容。请判断你想要受众如何感受和思考，以及你想让对方因你的演讲而采取哪些行动。

> 确定你为什么而演讲。

2. 研究受众

在开始准备演讲之前，你需要尽可能多地了解你的受众。

你需要从受众的角度来策划你的整个演讲。在计划书中只写入令对方感兴趣、受益或者担心的素材。使用对方可以感同身受的案例。问问自己："如果我处于对方的立场上，我想听到什么？"

> 尽可能多地了解你的受众。

> 如果我处于对方的立场上，我想听到什么？

第五部分 提出解决方案

237

研究你的受众也将使你能够表明你理解对方的难题和顾虑，从而在销售演讲一开始就与对方建立共鸣。

> **精彩提示**
>
> 只要时间地点恰当，就要坚持提前联系要听你演讲的每个人。这将让你能在演讲之前与受众建立友谊。

此处的重点在于，所有的销售演讲都应该以受众为中心，而不是以你为中心。

3. 头脑风暴

在撰写演讲稿时，你可能会想着加入一些创意。你会忍不住想用过去的演讲稿稍做修改而"拼凑"出一篇销售演讲稿。请不要犯这种错误！

无论你是销售团队的一员，还是正在独立撰写演讲稿，都无法同时兼顾创意和条理——观点的产生毫无章法，因此请使用"观点图"来对演讲主题进行头脑风暴，方法可以翻看《销售人员拜访手册》。

4. 挑选并组织素材

当你完成了观点图，就一定拥有了超量的素材，远远超过一场精彩的销售演讲所需要的。现在请根据你的具体目标、你的受众的需求和期望以及可用的时间，来挑选合适的信息。请不要直接创建幻灯片。如果你事先被要求写过一份销售计划书，请加入那份计划书中的重点。

销售演讲中易犯的错误是认为必须告诉对方关于你和你的公司的一切信息。受众通常感兴趣的是你能为他们做的事情！因此，请采用以受众兴趣为中心的简单结构。

没有人能记住大量的细节——而且客户也根本无须记住。如果你讲了过多的事项，就会令人不堪重负，结果就是客户什么也不记得。因此，请主要讲解几个重点事项。问问自己："如果我的受众离开时只记得三四个重点，应该是哪些？对方必须了解哪些情况才能判断我们是否是合适人选？"

你需要举出案例和轶事来说明重点情况，并让你的演讲生动有趣。许多演讲失败的原因是过度依赖事实，而缺乏富有想象力的口头描述。

你的演讲稿的结构必须合乎逻辑。结构的安排有多种可能性。例如，按照时间来排序，或者按照重要性来排序，或者先提出问题再拿出解决方案，或者先解释理论再展示实际应用情况。请为你的目标和受众挑选最佳结构。最好为每节和每子节加上清晰具体的标题。我们喜欢使用20世纪70年代伯尼斯·麦卡锡

（Bernice McCarthy）[1]在美国发明的一个公式，称为 4MAT 系统。我们的想法是将演讲稿分解成具体四部分，每部分反映受众中存在的不同偏好——**原因**、**内容**、**方式**、**售后**。

- 是什么**原因**让这场演讲对受众很重要？调动受众倾听的积极性，在销售演讲开始就说明原因。
- 受众需要什么样的**内容**。最好不要让你的重要的销售信息超过三个。
- 它将以什么**方式**发挥作用？你可能要展示系统或产品如何起作用，或者购买后的使用流程。
- **售后**——针对那些想要了解购买你的产品/服务的后续影响的人，售后服务会对这笔交易产生什么影响？

4MAT 系统实用性强，易于理解，易于在销售演讲中使用。

你必须先对要讲的内容做到心中有数，然后才能开始考虑利用视觉辅助工具，不要以视觉辅助工具为中心来策划你的演讲稿。

---

[1] 伯尼斯·麦卡锡是美国西北大学教育心理学博士，也是"自然学习设计"（4MAT Learning Cycle）创始人，专门提供教育培训、出版和咨询服务，其代表作为诗性专著《论学习》（1996）。在 30 余年的不断开发与完善中，"自然学习设计"这一立足深度理解概念、体现整体教学设计特色的学习模式，受到了美国课程视导与开发学会（ASCD）等组织的大力倡导和世界各地数以万计教师的欢迎，为致力于适合学习者不同风格和多样性的发展，遵循大脑运作的自然规律和学习科学本质，实现因材施教的高质量教学提供了一种选择。——译者注

5. 关注开头和结尾

演讲的开头和结尾至关重要,因为首因效应和近因效应[1],人们往往更容易记住自己最初和最后见证到的内容。

开头一定要简洁有力,引人注目,能够立即吸引受众。开头会告诉人们为何应该倾听,你将演讲的内容和你演讲的范围。

以下是你需要讲出的内容:

- 自我介绍(以防有些受众或者所有受众都不认识你);
- 演讲稿的用时长短;
- 你计划何时接受提问。

---

[1] 首因效应(primacy effect),在心理学和社会学里,是一种开头刺激或信息记忆过于引人注目的认知偏差。举例来说,如果一个人读一份足够长的名单,他更可能只记得开头,而忘记中间的大部分。这种现象被认为是由于短期记忆在一个事件序列的开头时远没有在中段和末端时那么"繁忙",与之相比,在开头就有更多的时间给短时记忆去处理信息,使其转换进入长时记忆,从而足以保存更长时间。近因效应(recency effect),在心理学中是指末端刺激或信息记忆过于引人注目的认知偏差。例如,一位司机在高速公路之旅上看到了同样多的红色汽车和蓝色汽车,但如果在下高速的时候他看到的是一辆红色的汽车,那么他会认为这趟旅行中他见到了大量的红色汽车。总而言之,两者共同说明一个问题:一系列的条目中,人们记忆效果最好的是位于开头的和位于结尾的条目,即系列位置效应。——译者注

> **精彩提示**
>
> COMB结构可以帮你成功组织演讲稿。请确保你写入了其中的每一点：
>
> C＝背景（Context）——与受众的相关性；
>
> O＝目标（Objective）——演讲目标；
>
> M＝地图（Map）——你将遵循的议程；
>
> B＝利益（Benefits）——演讲稿的内容给受众带来了什么？受众仔细倾听会得到什么好处？
>
> 结论应该简短、明确，并且令人信服。请总结要点，并酌情说明下一步行动。

6. 进行排练

在每一次进行销售演讲前都要进行排练。站起来，像真正演讲一样去练习。每次停下的时候，不要又从头开始——否则你可能永远不会排练到结尾！记住整场演讲的时间，并且努力比计划用时提前几分钟完成。酌情开展团队排练，或者在同事面前排练，如果可能的话，请在你要进行演讲的同一个房间内排练。

精彩回顾

当你进行正式销售演讲的时候,最好遵循以下六个步骤的流程。这将使你的销售演讲重点突出,富有创意,并以受众为中心:

1. 确定结果;
2. 研究受众;
3. 头脑风暴;
4. 挑选并组织素材;
5. 关注开头和结尾;
6. 进行排练。

当你做了适当的排练和修改,就可以进行销售演讲了。

销售演讲的一个重要组成部分就是你演讲的效果。你需要能够以有说服力的方式传递信息。想要了解更多关于如何轻松做到这一点的内容?请继续阅读下一章。

第 23 章

让你的演讲充满说服力

无论是面对面还是打电话，我们都遇到过无聊或者只强调产品特点的销售演讲，令我们无心购买。正式的销售演讲的重点在于真正吸引受众，而感到无聊的买家是不会购买的。如果你能够吸引受众，你就有了机会！为了真正吸引受众，当你进行正式的销售演讲时，如果能够做好四个方面，就能跻身于伟大演说家之列：

> 感到无聊的买家不会购买。

- 有力的开放式身体语言；
- 帮助受众理解的视觉辅助工具；
- 看上去像一个团队的演讲者；
- 吸引受众的演讲。

要使人皈依，请走上前去牵住对方的手并引导他们。

圣托马斯·阿奎那（St Thomas Aquinas）

意大利哲学家，神学家

身体语言

有力的开放式身体语言能够辅助销售演讲的内容。具体做法如下：

- 牢牢站稳，确保双脚分开，与肩同宽。昂首挺胸，受众会认为你充满自信。双腿和双脚无意识的动作会显示出你在受众面前十分紧张，忐忑不安。摇摆、抖动、单脚站立，甚至是轻微的手舞足蹈都会显示出你内心的焦虑。学会站稳不动，把精力放在受众身上。

- 双手在身体两侧自然下垂，或者轻轻地在小腹前交握。这是最温和的放松姿态。
- 全程保持与受众的目光交流，不要像一只惊慌失措的小兔子在检查所有的逃生路线一样，而是持有一种平静而关心的态度，就像你与一位好朋友交谈时那样。

  不要盯着：

  * 视觉辅助工具；

  * 地板或者天花板；

  * 你的笔记；

  * 在场的地位最高者；

  * 在场的最友善者；

  * 甚至是窗外。

- 在正式的销售演讲中，如果可能的话，请始终保持站姿，因为这会让你看起来更有权威性，让你更好地呼吸，并因此声音更响亮。但最重要的是，站姿可以让你灵活走动并掌控全场。请不要做以下动作：

  * 摆弄戒指、手表、袖扣、回形针、眼镜、口袋里的硬币或者松紧带；

  * 触摸以及拍打头发、面部、口袋、书桌或者餐桌。

- 你的手势应该与演讲内容一致，并自然地对所说的话加以强调。请记住，手势应该包含整个手臂的动作，不要局限于小而无意义的手部动作。
- 微笑。它会让受众想要听你说话，而不会因为你不友好的直视而失去兴趣。

请确保你的视觉辅助工具是形象的，并对受众有所帮助

请不要用1000张幻灯片来凌迟受众。在演讲过程中，有太多人使用了过多的幻灯片，令受众感到无聊透顶！

许多视觉辅助工具之所以会失败是因为它们不够形象。视频辅助工具的主要作用是帮助受众理解，而不是用作演讲者的提示。如果你认为自己的演讲稿中有一部分在没有视觉辅助工具的情况下可能会很枯燥，那么请努力增加**内容**的趣味性。

可供你使用的视觉辅助工具有很多——故事板、产品、海报、白板以及幻灯片。你知道吗？微软公司估计每天有超过3000万份的幻灯片演示文稿被制作出来。如果单纯使用幻灯片，你永远无法令自己脱颖而出。你要富有创意，特别是在开发新业务的演讲中。这是让你脱颖而出的良机，也是说明你是客户最佳选择的理由所在！

所有的视觉辅助工具都应该简单、清晰和形象。它们的目的是帮助受众理解,而不是提醒你想说的内容。

> 所有的视觉辅助工具都应该简单、清晰和形象。

良好的视觉辅助工具能够:

- 显示数据(柱状图或饼状图)之间的联系或者对比;
- 绘制一幅蓝图;
- 说明一个过程;
- 总结关键要点。

成功的视觉辅助工具包含:

- 粗体字,对比色;
- 一致性——始终如一的背景颜色和统一的字体;
- 简明性——每张幻灯片上只有一个观点;
- 良好的版面设计——以便让客户的眼球被基本要点吸引。

设计视觉辅助工具时要避免的是:

- 直接复制打印材料;
- 多个数字表格;
- 复杂的图表;
- 复印的表格;
- 多余的词语(如果使用要点,每行最多七个字,最多五行)。

在你演讲前：

- 要认真思考你站立的位置——不要遮挡屏幕；
- 确保你知道如何操作设备；
- 将所有视觉辅助工具整理妥当，并清晰地进行编号；
- 准备好一份备份。

在你演讲中：

- 在你准备好谈到视觉辅助工具之前，不要展示它们；
- 在开始谈论细节之前，先介绍整个画面；
- 给人们留出时间观看它们——不要飞速地一带而过；
- 不要对着视觉辅助工具说话——请记住，现场还有想要听你说话的人！
- 克制冲动，不要重复你的要点中出现的单词——请记住，大多数受众能够阅读！用你的解说为幻灯片上的某一点或者两点增值。

以团队方式进行销售演讲

在赢得新业务或者维持现有业务时，你可以选择以团队方式进行演讲。此时，你需要关注几个具体方面，它们是演讲成功的基础。有充分的理由证明团队作战的方法能够获得成功。

当我们研究那些以团队方式进行演讲而未能赢得交易的销售人员时，发现他们收到的客户反馈意见中出现了一些共同点：

- "他们更像是一群各自独立的人，而不是一支有凝聚力的团队。"
- "他们似乎不确定演讲稿的每个部分由谁负责。"
- "他们的演讲方式或演讲质量参差不齐。"

通常情况下，想要通过演讲赢得交易的团队并非每天都以团队方式运营，因此，团队成员之间可能会缺乏默契感。要让团队演讲成功，你们必须一起排练，并注意团队合作。

以下是以团队方式进行销售演讲的一些重要提示：

- 确定演讲的主要目标，并确保每位演讲人员都了解它。
- 当你策划演讲稿时，请确保团队的每位成员都知道你所做的关于与会者或者时间安排等方面的修改。请确保演讲当天不会有人对任何事情感到"惊讶"。
- 根据现有客户/潜在客户的需求决定应该由谁出场。演讲团队中的每位成员都应该为客户创造价值。
- 确保每位成员都了解自己在演讲中的具体角色。如果你邀请某位上级领导作为团队成员参加演讲，这一点尤为重要。
- 确保团队成员能够发挥各自的长处。不是每位成员都需要演讲。例如，团队中可能有一位"技术专家"负责解答问题，即使此人并不参加正式演讲。

- 确保整支团队一起排练。排练中的重点是：
  * 团队成员互相提供具体的客观反馈，说明队友哪里做得好，哪些做法需要改进；
  * 从头到尾排练整场演讲；
  * 就两人之间的交接过程达成一致并进行排练（这是一支团队可能会遇到不协调的地方）；
  * 就谁来回答问题达成一致，并练习听取和回答一些更具挑战性的、可能会被问到的问题。
- 在演讲过程中，以积极的身体语言相互支持：如良好的目光接触、点头等。

关于如何吸引受众的最后提示

他们也许会忘记你说过的话，但他们绝不会忘记你带给他们的感受。

卡尔·W. 比希纳（Carl W. Buechner）

牧师

进行销售演讲的重点在于吸引受众，让受众真正感到参与其中。以下是关于做法的最后提示。

- **进入大脑活络而又自信的状态**。想要了解如何做到这一点，请参阅第三部分——发挥你的影响力。
- **聪明而节约地使用销售素材**。如果使用得当，它们将会让你的演讲更加可信，并很有可能在方式阶段被使用。

- **调动多重感官**。你的受众会走神（无论你是多么出色的演讲者）。你需要找到让对方感兴趣并保持长久注意力的方法。方法之一就是在演讲中尽可能多地调动感官。我们有视觉、听觉、感觉（外在触摸和内在情感）、味觉和嗅觉五感。在演讲中要尽可能多地调动这些感官。以下有几项建议：

  *播放音乐——尤其是在演讲的开头和结尾。音乐能够吸引受众，并帮助受众达到或保持理想状态；

  *确保有视觉刺激。你可能正在使用诸如 PowerPoint 等软件包，但你也可以考虑播放视频，在房间周围放置横幅／海报，使用活动挂图或者绘制图画。

- **让你的受众动起来**。你可以邀请受众进行自我介绍，解说他们的目标或者回答问题，尽可能让受众参与其中。

- **语言很重要**。演讲中的大多数人都对你要说的话感兴趣，因此你要确保讲话对你有利，不要失去重点。请使用能调动三种主要感官的语言——视觉、听觉和动觉：

  *视觉：看见、观看、图画、外观、洞察、反射、一瞥、快照、辉煌、明亮、多彩、照明；

  *听觉：听见、倾听、听起来、说、收听、对话、铃响、编钟、安静、讲述、回声、宣布；

  *动觉：感觉、抓住、拉动、掌握、握住、处理、强硬、尖锐、挖掘、冲击。

- **有效利用你的声音**。请确保你的音调高低起伏，让受众感兴趣并想要倾听。我们听过有些演讲者声音十分单调，很难激发受众的兴趣。请注意你的音量和演讲速度（你可能需要根据具体内容放慢速度）。请参阅第三部分以获取更多有关利用友谊和信任来帮助演讲的内容。

 精彩回顾

在我们见过的所有正式购买情况中，客户的选择标准都包含了你讲解产品/服务的方式。我们都曾遇到过销售演讲决定了交易的成败，在此，你可以通过充满激情的、能强化你的产品/服务的演讲来吸引受众。在本章中，我们重点探讨的四项演讲要素是：

- 有力的开放式身体语言（牢牢站稳，姿态放松，保持目光交流，保持站姿，使用辅助性手势以及微笑）；
- 帮助观众理解的视觉辅助工具（确保它们易于理解、富有创意、精心设计，以及操作轻松）；
- 看起来团结一致的演讲者们（有目标、有角色，并相互支持）；
- 吸引受众的演讲（聪明地使用销售素材，调动多种感官并让受众参与其中）。

即使是完美的销售演讲，也可能会遇到受众的异议。这些异议需要得到尊重和妥善处理。

第24章 充分利用异议,深入了解客户需求

在传统的销售培训中，销售人员经常被教导去"克服"异议。如果你正在购买产品，你真的希望自己的异议被"克服"吗？如果你的异议得到贴心照顾并被妥善处理，你一定会感觉更舒心。

异议是对产品/服务的某些方面的保留意见或顾虑，它们可能会阻碍交易的成功。有句老话说得好："异议正是客户购买的信号。"异议暗示着客户有兴趣。一言不发或者一个明确的拒绝意味着你完成交易的可能性更小！异议则可能是买家正在暗示：

- "在决定购买前请告诉我更多信息。"
- "我需要更多证据证明你的产品能满足我的需求。"
- "我几乎被说服了，但我还需要一个理由来证明我的购买决定是正确的。"

你的任务就是了解客户担忧的原因并帮助客户解疑答惑。

如果必须先要克服所有可能出现的异议，那终将一事无成。

塞缪尔·约翰逊（Samuel Johnson）
英国作家、词典编纂家

> **精彩练习**

你的买家提出过哪些异议？请思考这个问题，并列出你见过的最常见的异议。

典型的异议包括：

- 价格；
- 拒绝接受新的供应商（抗拒变化往往是异议的关键诱因）；
- 担忧产品/服务的某些方面；
- 售后服务；
- 时机（如"让我想一想"）。

从正确的态度开始。销售人员绝不能在客户提出异议时表现出紧张或者犹豫。犹豫不决或者目光闪躲将会令你失去客户的信任。要保持冷静，请记住，异议是深入了解客户需求的机会。销售高手了解这一点，并乐于讨论客户所提出的任何问题。

> 异议是深入了解客户需求的机会。

处理异议的最佳方式通常是在演讲开头就将它们坦白道出，或者直接在你的计划书中处理它们。例如："可想而知，你非常重视弄清楚几个方面的问题……我将在我的演讲中直接解决这些问题。"

无论异议的理由是什么，客户实际上都在说……

> 我还不能完全相信你的解决方案能满足我的需求……

4A 模型

因此，此处将介绍成功处理异议的四步流程。它被称为 4A 模型：

- 认可（Acknowledge）；
- 受众（Audience）；
- 解决（Answer）；
- 询问（Ask）。

认可

首先，对提出异议的人表达认可："感谢你提出这个异议——我可以理解你为什么重视这个问题。"

受众

如果受众不止一位，就酌情把异议公布给大家。你要抛出几个问题来澄清异议，并为自己赢得一点时间来思考：

- "在 1~10 分的范围内，这项异议的重要性是几分？"
- "其他每一个人都有这种担忧吗？"

有些人的生活中没有你的产品或服务，也有些人的生活中有你的产品或服务。潜在客户的生活情况二者必居其一，这点毫无疑问。问题是，客户有没有看到两种生活中足够多的差异，从而做出改变现状的选择呢？因此，处理异议的一种方法是提前描绘出有你的产品/服务的生活蓝图，以及没有你的产品/服务的生活蓝图。请一定确保有你的产品/服务的生活看起来更加令人称心如意！

唯一能够真正"解决"异议的人是买家/潜在客户。直到潜在客户自己在脑海中处理掉异议，问题才算得到解决。那么，潜在客户需要做些什么来深入自己的内心、并以一种允许交易继续进行的方式来处理异议呢？"相信我，我是销售人员"的说法收效甚微，除非你与客户之间已经建立了超高的信任度。潜在客户需要知道哪些信息才能让他们处理自己的异议呢？请将处理异议看作协助潜在客户内心思考的过程，而不是指导客户的过程。

> 请将处理异议视为协助潜在客户内心思考的过程。

精彩练习

请利用你在上一项练习中想出的异议,判断你可以向买家提出哪些问题以协助对方思考:

典型的异议	提出的问题

解决

现在你必须解决问题。不要夸夸其谈,重点不要超过三条,简化过程,并直接解决问题。不要动辄搬出产品特点来进行自我防御——把客户需求和销售价值关联起来,用这个方法来解决异议。

询问

请询问提出异议的人现在是否已经得到满意的答复:

- "这样听起来如何?"
- "这是否解决了您的顾虑?"

- "我还需要做哪些其他事情才能让您感到安心？"

如果客户仍然有顾虑，那么只需再次从第一个"A"开始并循环这个流程。在完成 4A 模型后，有时你可能会当场得到客户购买产品/服务的承诺。

价格顾虑

常见的异议往往与价格有关。事实上，价格是一项谈判要点。面对客户对价格产生的顾虑时，请探讨：

- "在谈论价格之前，您还有关于（此处填入你的产品/服务）的其他什么问题吗？"
- "您对价格的主要顾虑是什么？"
- "您需要知道哪些情况，以使价格不再成为问题？"

先销售你的产品/服务的价值，然后再来解决客户对价格的顾虑。

关于如何处理异议的技巧可以参看《销售人员拜访手册》。

精彩回顾

在销售过程中，异议可能会以各种各样的形式出现，那就是你开始赚钱的时刻！我们希望你记住以下要点：

- 异议往往只是变相的购买信号；
- 预测异议并准备好解决方法；
- 尽早引出任何可能出现的异议；
- 不要陷入激烈的争论；
- 保持冷静；
- 发掘更多信息；
- 开门见山地解决异议；
- 在问题的解决上与客户达成一致意见。

异议看起来像绊脚石，但实际上不一定如此。你很快就可以继续前进，并得到客户的购买承诺。

第 25 章

拿到客户承诺,达成交易

我还保留着自己第一次参加销售培训时拿到的小册子。册子封面上公然写着：

> 达成交易

当我到达培训地点时，有大量的海报写着同样的信息，信息下面写着"让买家同意购买的101种方法"。哇！我大约读到第17种时就晕头转向了！

直到20世纪80年代末，人们仍然异常重视达成交易，认为它是销售中不可思议、神秘莫测的一环。如今你仍然可以在互联网上找到大量关于如何达成交易的资料。也许你必须经常让很多人点头称是同意购买：这是理所当然的，任何销售人员都知道，在某个时间点上他们得索要订单。但是，在本书中，这部分内容将是最短的。为什么？因为人们不喜欢被"终结"。消费者们对于"达成交易技巧"更加心知肚明，更不用说专业买家了，人们认为这些技巧是销售人员想要操纵客户的荒谬企图。我们与很多职业买手交流过，他们不会尊重在客户准备好购买之前就试图达成交易的销售人员。

是的，客户仍然需要同意购买，否则我们都会失业。如果你在交易场所工作，可能会更加关注达成交易。但是总而言之，买家讨厌销售人员使用陈旧过时的方法。因此,让我们把半个纳尔逊式(the Half Nelson)①、拿破仑式(the Napoleon)②以及任何其他强人所难的、特别明显的、工于心计的以及可能让你出局的达成交易的方式都丢到历史的垃圾桶吧!

---

① 半个纳尔逊,来自摔跤术语,意为"单臂扼颈"。这个动作在摔跤比赛中能起到一招制敌的作用。在销售中,采用故意隐瞒产品或服务的某些好处,而在客户将要做出购买决定的阶段再把这些好处说出来,促使客户下定决心立即购买,也相当于"一招制敌",因此这种达成交易方式被称为半个纳尔逊式。——译者注

② 拿破仑式,也被称作威灵顿公爵式(the Duke of Wellington Close)。威灵顿公爵在1815年的滑铁卢战役中以绝对的优势击败了拿破仑。在销售中,用产品或服务的大量优点打动客户,使其忽略产品或服务的缺点或不足,从而决定立即购买,这样的结案方式被称为拿破仑式。——译者注

我们更喜欢承诺这个词。在整个销售流程中，你需要确保客户仍有购买动力和承诺来进入下一个销售阶段——无论下一个阶段是另一次面谈还是最终购买决定。在评估销售电话的结果时，要弄清楚什么是进步，什么是原地踏步。许多销售人员会自欺欺人，认为"巩固了客户关系"就意味着这个电话效果不错。这不是进步，双方并没有就行动或者下一步达成一致意见。请向客户提出以下问题：

- "我们接下来要做什么？"
- "如果您准备好了与我们合作——何时可以做出购买决定？"
- "您想在下次面谈中重点探讨什么？"

把达成交易当作销售结束的行为是过于简单而不切实际的。交易的达成贯穿整个销售流程。成功的销售人员会在销售的各个阶段检验客户承诺，如果客户没有真正的兴趣或者承诺，他们就会放弃该销售流程。当然，你要相信你可以赢得这笔交易，而且这笔交易对于潜在客户是有利的。我们在此寻求的只是协商过程后的简单结论。

> 成功的销售人员会在销售的各个阶段检验客户承诺。

关注客户关系

最终的客户承诺可以水到渠成，因为如果你已经做对了工作——识别了买家需求和愿望,将其与你的产品/服务带来的具体购买利益相匹配,并妥善处理了异议,那么客户很有可能会购买。请让你最后的工作自然而然——人们不喜欢被销售。请重点关注客户关系,而不是达成交易。

请提出一些预先想好的问题:

- "您还需要我们做些什么?"
- "您是否掌握了做出购买决定所需的全部信息?"
- "我们是否准备好讨论接下来的步骤了?"

你可能不得不要求客户承诺,但与此同时,请尽可能简化问题:

- "您现在乐意继续进行吗?"
- "您是否听取了足够的信息,以便我们双方开始合作?"
- "目前推动交易进展的最佳方式是什么?"

事实上,最终的购买决定往往发生在你不在场的情况下。没关系,如果你把工作做得很好,并且认为你能为客户提供最好的,那么最终你会赢得业务。

> 最终的购买决定往往发生在你不在场的情况下。

精彩回顾

在本章的最终回顾中,我们想提醒你:

- 传统的达成交易方式现在不起作用了——买家太精明。坦率地说,这些达成交易的方式过于笨重而且不灵活。请不要使用辉煌不再的、最糟糕的、能让游戏终结的方式!
- 客户仍然需要同意购买,因此你仍然需要拿到承诺。
- 在整个销售流程中始终检验客户的承诺——客户真的有兴趣吗?

在销售中得到客户承诺绝不是一举定胜负、让你在最后关头才为之恐慌的提醒,而是一个循序渐进的过程,从潜在客户同意与你会面时就已经开始了。请以这种方式看待它,得到客户承诺是在生意和生活中时时刻刻发生的事情。

那么,你已经解决了异议,得到了承诺并达成了交易。对于你们当中的很多人来说,客户关系到此并没有结束。事实上,如果你幸运的话,这往往只是个开始。下面一部分将探讨如何更好地管理你的客户关系。

第六部分

管理客户关系

在 20 世纪 90 年代，我耗费了大量时间围绕某个我想销售的高价值产品来培养与潜在客户的关系。我"循规蹈矩"地做好了一切：我约见了购买决策者和影响者，定位了我方解决方案令人信服的购买利益以及我们公司与众不同的优势，并解决了客户的异议。最终我赢得了这笔交易。一切都令人感觉良好，于是我转而去管理销售网络中的其他潜在客户。九个月后，我的客户打电话询问我是否有兴趣投标新项目。对方不确定我们的软件是否合适，但想给我们一个机会。我满怀信心地去了——我们的软件确实满足了对方的需求，而且客户曾经有过与我们合作的良好经历。可想而知，当我输给一位主要竞争对手并丢掉了这次机会时，心情有多么沮丧。客户怎么可以这样对我？他们明知道我们的产品符合要求，明知道我们的服务一流，而且我与一些主要决策者的关系也很不错！

当我访问该企业联络员以获取客户反馈意见时，我得到了教训。反馈意见听起来十分逆耳，但它从此让我获益颇多。击败我的竞争对手所做的正是我赢得第一笔交易时所做的事情。他们花时间与决策者面谈，听取客户的顾虑，定位了解决方案中的具体内容，因为他们发现潜在客户非常重视这些内容，并且他们没有妄自假设。而我犯了一个致命的错误，认为就因为我已经在初次合作时投入时间了解过客户的需求，因此只要我出现，客户对我的忠诚度就足以保证我能拿到这个项目,因为我知道我们是该项目的最佳人选。我曾经假设,只要我赢得了这位客户,那么未来如果再有机会,我一定是对方脑海里的首选。由于抱着这样的信念,直到这位客户打来电话之前,我都只在关注其他潜在客户。

赢得第一笔交易只是成功销售人员工作的一部分。一笔交易不足以培养客户关系。如果你想想工作以外的其他长期关系,就会发现真正的难题在于建立关系之后还要维护它们!

在本书的最后一部分,我们将回答以下问题:

- 为什么管理客户会大量占用你的时间?
- 管理客户的关键点是什么?
- 你如何培养能够阻碍竞争对手入侵的客户关系?
- 你可以开展哪些活动来"做牌"[①]以利于你与客户继续交易?

[①] 做牌,即以作弊的方式控制牌面。——译者注

第26章 了解客户的价值

本书最后一部分导语中的经历给我的真正教训是,直到失去某物,你才能充分认识到它的价值。每当我拿到了订单,客户就退居二线,让位给我正在努力促成、需要达成交易以完成销售指标的其他交易。由于这样的做法,我没能好好维护和发展客户关系,直接导致我失去了可能的业务。

> 直到失去某物,你才能充分认识到拥有它的价值。

你要知道关于客户(是指我们至少向其销售过一次产品的人)的几个真相:

- 客户对我们这些销售人员投资过金钱。他们给予我们充分的信任来购买产品;
- 我们销售给客户的是能为其带来的价值——至少第一次销售是这样;
- 我们在培养客户方面花过时间——我们在对方身上投资了时间;
- 为了影响客户向我们购买产品,我们很可能必须与对方建立和体现一定的友谊和信任。

你与客户都花掉了大量的时间和精力来达成一笔交易。在某种程度上,双方已经建立了积极的关系。但是,就像大多数关系一样，如果你不花一点时间来维护和发展它们，关系的质量就会受到影响。而当你下次想要再用到这段关系时，它的力度可能不足以带来你想要的结果。当你忙于其他事情和其他关系时，情况可能已经发生了变化。

珍惜你的人际关系，而不是你的财产。

安东尼·J. 丹杰洛（Anthony J. D'Angelo）

美国励志演讲者、教育家

赢得交易的成本

赢得交易伴随着成本。我们可能看不到销售中不同阶段所花费的"现金"价值，但却实实在在花费了成本，在经济学中有一个术语叫作"机会成本"。简单地为其定义，这是利用我们的资源去做一件事，这意味着你正在放弃使用相同的资源（例如时间）去做其他事。例如，如果你将辛辛苦苦赚来的钱用来买汽车，那么这笔钱现在就无法用来支付买房的定金。在销售中由成本引发的问题是：如果不向某位特定的客户销售，我们的时间还可以用来做些什么，以及会产生什么结果？我们需要考虑自己花费了多少时间以及多少除时间以外的资源来拿下这位客户，以便看到我们投资的真实价值。

> 首先计算出赢得交易的成本。

精彩提示

开发新客户往往要比向现有客户销售难五倍。

你主动好好管理的客户更有可能:

- 告诉其他人他们对你的服务水平有多么满意,而这样做可能会带来新的潜在客户;
- 把你当作合作伙伴而不是销售人员——不是为了赚快钱才参与交易的人——这将建立客户信任与忠诚度,从而更容易确定和保障今后的交易;
- 阻碍你的竞争对手入侵,因为你与客户之间已经建立了非常牢固的关系;
- 在今后销售产品时更加省时,因为客户了解你。

我认为一段关系就像一条鲨鱼,你明白吗?它必须不断前进,否则就会死亡。我想我们手中的鲨鱼已经死去。

伍迪・艾伦(Woody Allen)
美国电影导演

精彩回顾

成功销售人员了解现有客户的价值。在这简短的一章中，我们关注的重点是：

- 赢得新客户要比从现有客户处获得更多交易难五倍；
- 赢得新客户需要成本，像我们所做的其他投资一样，我们应该保护自己的投资并使其发挥最大作用；
- 我们要重点花时间巩固与现有客户的关系，否则这段关系就会死亡！

如果我们真正了解现有客户的长期价值，我们就更有可能采取正确的措施来管理已有的客户关系，并通过赢得对方的交易，从而最大限度地提高投资的回报率。

第27章

有效管理客户关系,解决客户痛点

在投资了大量时间与客户建立关系、使其购买我们的产品之后，如果我们有意在今后的某个时间点继续向这位客户销售产品，那么就需要花时间维护和发展这段关系，这一点至关重要。对于我们当中的有些人来说，客户多次购买的情况可能经常发生。而对于其他人而言，客户多次购买的情况则可能不太常见，无论是对你（现在或未来）所销售的其他产品或服务，还是对初次交易的追加购买。

　　销售其他产品或服务时，可能由你的公司中的其他销售人员来完成，被称为"交叉销售"，这是天赐良机，让你能拓展客户关系，并通过为客户业务的其他方面创造价值，从而阻碍竞争对手入侵。即使你不负责待售的其他产品或服务，你也可以通过提问来了解客户需求并介绍给合适的人选。这样的做法很可能会得到回报，因此从长远来看，每个人都是赢家。

　　除非你确实没有机会再次向客户销售，否则管理客户关系就是至关重要的。但是，你如何管理像"关系"这样个性化又主观的东西呢？

　　有个对生活的各个方面普遍适用的原则也将适用于你：你有

80%的业务来自20%的客户。这个帕累托法则（Pareto Principle）[1]意味着我们需要清楚客观地知道哪些客户代表着真正的机会，并确保我们拿出了足够的时间来巩固这些客户关系。

关系中有50%受我们控制，而100%可以受我们影响。

佚名

我们想与客户建立什么样的关系

这是一个值得思考的有趣问题。我们往往不会想到用具体术语来定义关系，但是，因为你将从重点关注的事物中收获更多，所以在思考如何收获之前，我们应该先思考自己的目标是什么！

如果我们从客户的角度思考销售关系，就会发现诸如友谊、信任、创造价值、诚信等特点对我们来说至关重要。因此，我们为管理客户关系而进行的任何活动都应体现和发扬这些特点。或者，你也可以询问客户！能帮你弄清楚重点努力方向的两个好问题是：

- "在与供应商的关系中，您最看重什么？"
- "如果我想让我们之间的关系变得更密切一些，我该做些什么呢？"

---

[1] 帕累托法则，又称80/20法则、二八定律等。由意大利经济学家帕累托提出。法则认为原因和结果、投入和产出、努力和报酬之间本来存在着无法解释的不平衡。一般来说，投入和努力可以分为两种不同的类型：大多数都只能造成少许的影响；而少数却能造成主要的、重大的影响。——译者注

获得你想要的理想的客户关系

显而易见，客户关系是商业关系，因此你最好从自身角度和客户角度两方面来思考客户关系。

如果你想真正有效地管理客户关系，那么就需要牢记以下五个重点：

- 不要假设；
- 积极主动；
- 设立客户关系目标；
- 思考如何推进客户关系的深度和价值；
- 思考当困难出现时如何应对。

让我们更加具体地探讨以上每一点。

不要假设

假设是破坏人际关系的白蚁。

亨利·温克勒（Henry Winkler）
美国演员、导演

销售人员经常自以为是地夸大他们与客户关系的质量。他们喜欢认为，只要有机会购买其他产品，客户就会想到他们，而且双方现有的关系会防止竞争对手入侵该客户。

当你发现自己对客户关系的质量、深度或广度有点自鸣得意时，请发起自我挑战，找到证据来证明你对这段关系的看法是正

确的。如果不向客户验证，我们就会做出被证实有误并会损害客户关系的假设，常见的误区包括：

> 你有80%的业务来自20%的客户。

- 联系客户只是为其提供最新消息或者只是单纯为了保持联络；
- 客户很了解我们所做的其他业务以及该业务如何对客户有利；
- 既然我们建立了良好的关系，客户就不会与竞争对手见面或考虑其产品；
- 我们已经展示了并将继续展示充分的"价值创造"，因此客户会始终优先考虑我们的；
- 客户的情况不会随着时间的推移而发生改变。

积极主动

请思考片刻你在生活或工作中曾与某人保持的成功的长期关系。你是否偶尔打电话给对方？如果你听说了对方可能感兴趣的事物，是否会想到对方并告诉对方？是否记住了对方的生日？或者是否偶尔做些你知道对方会欣赏的事情？

不付出一些努力，很少有长期关系能够存续下来。我们需要努力维护关系，这就意味着要积极主动。你看，关系管理是一项重要但非紧急的任务。如果你不去做这项任务，也不会导致你的公司明天就关门歇业。但是等到它变成紧急任务的时候，一切就太迟了。

如果你在赢得交易并拿下客户之前先思考你所采用的销售方法，你会发现它的特点是"渴望状态"。你很有兴趣并愿意为获得交易而加倍努力，你会全力以赴。好吧，你猜怎么着，这正是你的竞争对手此刻努力对你的客户所做的事情！

销售人员有时被称为"猎人"或者"农民"。猎人是那些以销售所带来的兴奋感为生的人。他们喜欢将潜在客户一路转变成现有客户，他们喜欢开发新客户。农民则喜欢培养客户关系。他们喜欢播撒种子，知道种子可能需要一段时间才能长成作物。如果多次或者额外销售给现有客户是天赐良机，你就需要能够扮演猎人和农民。六年前，我赢得了一家跨国企业英国分部的一个小订单。我对工作精益求精，并与重要决策者建立了良好的关系。我向客户通报我认为他们会感兴趣的消息，并帮助客户联系到我认为可以为他们双方带来好处的人。去年，这位客户的业务占了我们总业务的10%。

积极主动管理客户关系的技巧包括：

- 转发你看到的并认为可能对客户有价值的文章或信息；
- 为客户做对其有利的引荐；
- 向客户验证他们向你购买的产品/服务的情况；
- 想方设法与同一客户建立多种联系；
- 安排非正式会面，以了解客户的现状、变化以及业务重点。

设立客户关系目标

关于所有关系唯一恒定的真理是它们各不相同！世界上没有哪两段客户关系是相同的，因为它们涉及不同的性格、文化和实际情况。如果你要有效地管理客户关系，你首先需要了解自己现在处于这段关系的哪个位置，然后明确你想要达到的位置。你需要设立客户关系目标。

> 你需要设立客户关系目标。

此处的难点在于关系是主观的，而目标却必须是客观的。使关系目标更加客观的重点在于寻找目标实现的证据。此处的重点问题是"我如何知道自己何时实现了这个关系目标？"举个帮助你理解的例子。比如说，你的目标是想要赢得更多的客户信任，那么你首先需要考虑，你如何能够知道你想要的客户信任是否已经建立。证据可能是你的客户将你引荐给了他们的经理，以便你介绍如何在其他方面助其拓展业务，或者客户向你提供了有助于成功定位你的销售计划书的信息，并且同意做你潜在客户的电话证明人。如果明确了，这就是你看得到的证据，那么你就可以开始制订行动计划，来帮助自己实现这个目标了。

▶ 精彩练习

选择一位现有客户并思考双方现在的关系。你想如何进一步发展这段关系？

第六部分 管理客户关系

问问你自己如何知道这个关系目标何时实现——目标已经实现的证据是什么？因为目标实现，你能看到什么，或者会发生什么？

以获得"证据"为基础设立几个目标。目标要具体化并可测量，并为目标的实现设立期限。

> 你还可以为现有客户今后的业务设立切实可行的收入目标。

当然，目标无须局限于客户关系本身。你还可以为现有客户今后的业务设立切实可行的收入目标。

思考如何推进客户关系的深度和价值

如果你要推进客户关系，设立具体目标很重要，但是这些目标应该被放在具体的环境中；而你应该了解自己想要带着客户踏上的关系"旅程"。如果你能够深化与客户的关系，就能阻碍竞争对手的入侵，并为未来增加多次销售的机会。

目前广泛应用的方法是思考现有客户关系的不同等级。这样做能帮助你想出重点以及你大概需要采取哪些行动来帮助推进客户关系。具体定义通常取决于你的公司、环境和客户，下表说明了这种方法是如何起作用的。

请从客观出发。你需要定义现有的客户关系等级以及它们的具体特点。

等级	定义
潜在客户	还没有向我购买，但是具备购买资质的客户
现有客户	曾向我购买过一次。对方可能对我忠诚，也可能对我不忠诚
大客户	不止一次向我购买。对方已经表示看到了我提供的价值
支持者	我的证明人。我与所有重要决策者和 70% 以上的影响者建立了关系
拥护者	我与高级管理层和中层管理层有着密切的关系。我了解所有决策者和影响者。我会与之分享战略计划，而对方会对我的产品开发提出观点和建议

当你逐渐把潜在客户转变成拥护者时，就是在提升现有客户关系的深度和质量。这样做会让竞争对手极其难以入侵。

获得理想的客户关系！

第六部分 管理客户关系

精彩练习

请思考在你的销售环境中,什么等级的关系既合适又理想。你会如何定义这些关系?

现在,把你现有的客户按照这些等级进行划分,请保持客观!

通过定义客户关系等级,你可以提出如下问题:"将大客户转变成支持者,需要做些什么?"这将引导你采取某些具体行动。

思考当困难出现时如何应对

即使是最好的朋友也会面临分歧,但这并不意味着友谊关系的终结。

佚名

在大多数长期关系中,难题或困难时有发生。这就是生活,销售也不例外。大大小小的困难会以各种形式出现。销售中的困难示例包括:

- 延迟交付给你的客户;
- 就条款进行咄咄逼人的谈判;
- 粗心地给客户提供了错误的信息;
- 没有将你对客户所做的承诺贯彻到底。

虽然我们尽可能避免困难的发生，但成功的销售人员与其他人的区别在于，当困难不可避免时，他们应对和处理的方式不同。困难可以定义为任何能够破坏与现有客户关系的事情。困难本身可能只是一件小事，它自己并不足以造成太大的问题。问题是，如果我们忽略了太多的小事，对它们置之不理，或者对客户做出的回馈无动于衷，那么下一件"小事"可能就是"压倒骆驼的最后一根稻草"。

这些小小的、个别的困难被称为"痛点"，于是毫不意外，有一个被广泛应用的模型被称为痛点模型，它描述了对个别痛点处理不当的后果。当发现一个痛点时，我们可能会忍不住想用最快的方式解决它。例如，如果我们寄错了发票并且受到了客户的质疑，我们可能会试图纠正错误并寄出新的发票。我们自以为已经处理好了这个问题，但是从客户的角度再想一想，对方可能会觉得我们没有认真对待错误，或者我们并没有认识到这对他们有多重要。这可能会导致客户质疑我们所做的其他工作以及双方关系的质量。

痛点处理不当可能会导致客户认为我们正在逃避真正的问题，这反过来会导致信任危机。这意味着个别问题从未真正得到让客户满意的解决。一旦它们逐一累积，将严重损害双方的关系，令客户关系在"紧要关头"终结。危险之处在于，任何一个小小的困难对我们来说似乎都不是特别重

> 我们需要主动及时地处理困难。

要,而且分开来看它们确实没那么重要,但我们需要主动及时地去处理。这样做可以建立更加有力、更加充满信任的客户关系。

当发现痛点出现时,我们需要认识到这个痛点对于客户来说可能非常重要,然后用它作为回访客户的途径:(1)让客户知道我们很用心并想要以正确的方式解决问题;(2)以此为契机,更加明确双方将如何共同努力,避免类似问题的发生。通过用这种方法来弄清楚客户关系预期和工作方式,我们就能更好地理解客户关系应该如何起作用。

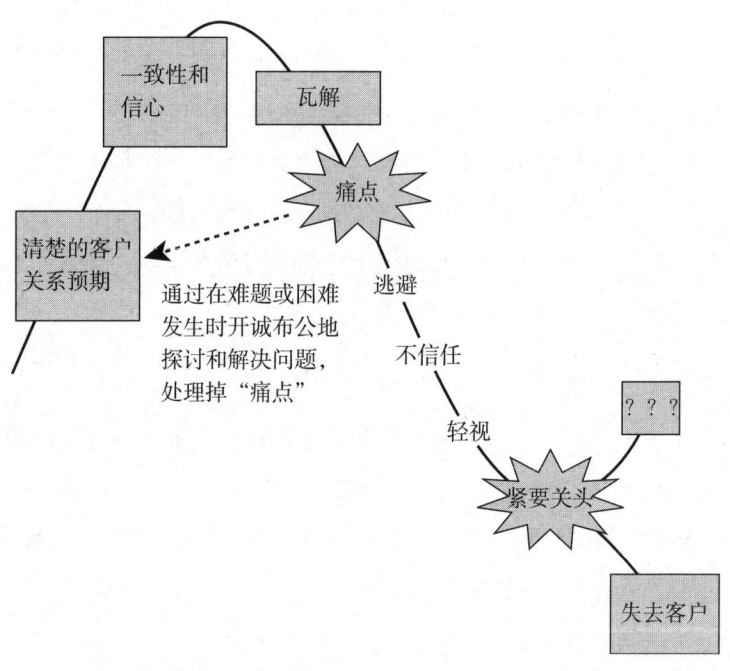

痛点模型

让我们厌烦"进行不愉快的谈话"的原因，就是我们不知道从何谈起，并害怕客户可能做出的回应。然而，我们最好在问题发生时就开诚布公地解决。你可以像下面这样说：

- 我刚刚意识到我给了你一些错误的信息，因为我们之间的关系很重要，所以我想更正。
- 当我回想起上周的谈判时，我担心自己可能过于咄咄逼人，我想跟你谈谈，以免它对我们的关系产生负面影响。

除了坦诚，别无他法！

精彩回顾

管理客户关系对于今后从现有客户那里获得更多的业务至关重要。

- 在管理客户关系之前，你需要明确定义你与客户之间的关系。
- 你必须避免对现有客户关系做出假设——你需要客观地判断双方现有的关系。
- 关系管理是一项重要（但非紧急的）任务，你需要积极主动去做。
- 设立客观目标对于推进客户关系至关重要。

- 提升关系的质量和深度是阻碍竞争对手入侵的有效方式。
- 你需要适当地处理客户关系中的困难,防止这些困难"积累"破坏双方关系。

我们发现,你可以在管理客户关系方面大展拳脚。如果你能抽出时间关注几项重点,它们很可能会产生远远超过你付出的积极影响。

第28章 有效管理客户的关键点

我们在上一章探讨了采取积极行动来发展客户关系的必要性，以及积极主动、设立关系目标和定义不同关系等级的原则。但是，在管理客户方面，我们的战略重点是什么？我们可以快速轻松地去做哪些事情？管理客户与管理客户关系有什么区别？

在了解我们的观点之前，请先想想你自己的经历。

精彩练习

想想你购物后因为客户体验而感到愉快的时刻。销售人员让你感到自己很特别，或者至少你感到销售人员很重视客户关系，而不单单是卖出产品。

对方的哪些行为让你感到自己很特别，或者感到对方很重视这段关系？

具体来说，对方是如何让你感觉到这些的？

要区分管理客户（通常以"任务"为基础，从企业的角度出发）与管理客户关系（以"人"为基础，从个人角度出发）可能很困难。大多数良好的客户管理有利于客户关系改善，反之亦然。我们在管理客户方面的重点并不复杂，但往往不由销售人员完成。无论我们自身的动机如何，我们都需要从客户对我们的期待这个角度来思考客户管理。

顾客上门就是贵宾。他不靠我们，反而是我们要靠他。他上门并非来打扰我们工作，他就是我们工作的意义。他不是我们生意的外人，而是其中一分子。我们为顾客服务不是在帮他的忙，反而是他给了我们机会帮助他。

圣雄甘地（Mahatma Gandhi）

印度政治和精神领袖

从我们获得订单的那一刻开始就要管理客户，但我们的活动要分为不同的类别。本章将探讨管理客户活动的各大类别，并告诉你每个类别中最重要的技巧和重点。

利用客户作为资源

客户对你来说是一笔宝贵的资源，不仅是因为他们购买了你提供的产品或服务，还因为你可以多方利用他们的购买决策，以帮助你拓展业务。作为客户管理的部分内容，你需要思考如何最大限度地发挥他们成为你的客户这件事所带来的利益。

有趣的是，请求客户做证明人或者为你推荐，实际上会提升他们对你这位供应商的忠诚度。如果客户同意做上述任何一件事，就等

> 请求推荐的时间点应该是客户处于感恩曲线的波峰。

于为你的产品和企业"背书"。这让他们更有可能口口相传，并为你美言（只要你的服务良好，并且你的产品名副其实）。

开口请求的时机

有这样一种"感恩曲线"[由律师杰伊·富恩伯格（Jay Foonberg）首创]，而请求推荐的时间点应该是客户处于感恩曲线的波峰。这个时刻可能是在客户购买之时，或者如果你的产品要经过一段时间后才能体现价值，那可能是客户意识到该产品价值之时，因此你需要加以思考。例如，最近，我在某家餐厅厨房中央的餐桌上吃了一顿了不起的晚餐。晚餐有八道菜，还可以和主厨交流。在我用餐结束的时候，我是否要准备写封简短的表扬信或者向我的朋友宣传？必须啊！

当我们提供的某些培训或咨询工作对客户产生了积极的影响时，我们往往会请求对方推荐两三个人，以便让我们联系他们并介绍我们的服务，并提及推荐人是我们的现有客户。如果你的工作到位，人们就会很乐意向你提供姓名。

精彩提示

1. 就你的产品或服务判断客户何时可能处于感恩曲线的波峰。

2. 列出你可以利用客户感恩心理的所有方法。

不断为客户创造价值

我最近为一个服务提供商创造了实实在在的价值。我购买了一台新电视和扩音器设备,有位名叫卢克的人来为我安装系统。卢克到达后,首先在地板上铺上一张垫子,以防止他在工作中把灰尘或污垢弄到家具或地毯上,这是一个良好的开始。过了一会儿,他把头探出我的办公室门外,问我其他房间里是否还有电视,然后立即将这台电视也连接到同一个收视系统,让我能从同一个碟形天线接入卫星电视,而无须多花任何费用。当我提到这件事时,他只是简单地答道:"哦,这不费什么事,我猜你可能会用到它。"在他完成工作并离开大约10分钟后,我用一张响亮的音乐DVD"测试"了我的新系统,DVD播放器响了一声就停止了工作。卢克在30分钟内去而复返,发现是硬件出了问题(这超出了他的服务范围),并帮我以租借方式换了一台DVD播放器——我原来的播放器甚至并不是从他那里购买的!

我向很多人推荐过卢克,甚至在本书中也提到他。他现在可以接触到以下广泛人群:(1)他平常接触不到的人;(2)他甚至没有意识到的人(直到客户中有一个人"出乎意料"地喊出了他的名字)。这就是为你的客户创造价值的力量。

我们将客户奉为上宾,将自己视为主人。我们每一天都在努力让客户体验的每个重要方面都变得更好一些。

杰夫·贝佐斯(Jeff Bezos)
亚马逊网站创始人

> 随时为客户创造价值，你就能够建立客户信任。

随时为客户创造价值，你就能够建立客户信任。如果你想知道你能做些什么来真正为客户创造价值，只需问问自己："我能做些什么来创造最大价值，从而推进交易？"

深入了解客户

持续管理客户的部分工作就是尽可能清楚了解客户企业中与你的产品或服务相关的方面。

深入了解客户最简单有效的一个方法就是花时间与客户交流。寻找机会，正式地或者非正式地与客户会面并提出问题。

常用的好做法

这里有一些关于常用的"好做法"的建议，其中大多数可以令你事半功倍。这些都是积极主动以及重要（但非紧急的）任务，因此对你来说，难点在于抽出时间去做。

对新客户表示欢迎

选择适当的场合正式欢迎新客户能让双方关系有个良好的开端。方法是送上一份小小的欢迎礼，一封概述你的服务承诺的信件或者其他令对方感到被重视的礼物。不，这可不是向客户寄出你销售的标准条款和条件！

预期会议

一旦签订合同，特别是你与客户尽情商讨有关产品或服务交付事项的时候，召开预期会议通常对双方都有益。客户与供应商之间的合作关系细节往往没有明确讨论，这使得甲方或乙方更有可能无法满足对方的预期。围绕如何开展客户关系和互动而展开明确的对话，很适合顾问式销售方法，并能对潜在困难防患于未然。此外，一旦谈到了有关你对电话留言的回复速度问题，如果有困难出现，也更方便参考这些双方商量好的标准和预期。

预期会议的主题示例包括：

- 双方将如何沟通——打电话和面谈的频率等；
- 双方一致同意一旦问题出现就要立即提出来；
- 具体来说，你需要交付什么；
- 具体来说，你需要客户做些什么；
- 双方一致同意定期回顾双方关系的进展情况。

立即跟进

养成立即跟进面谈或电话的习惯。跟进工作可以简单到通电话后确认面谈和提纲议程，或者会后给客户发送电子邮件，告知你对行动和时间表的理解。

制订客户计划

客户计划的具体内容会根据你的实际情况而千差万别,但制订计划始终都是好方法。没有客户计划,你就没有方向和重点。如果你需要与公司里的同事配合完成销售,那么一份明确的计划就可以帮助他们了解你的目标以及他们在全局中所担任的角色。

最基本的客户计划要考虑到在什么时间段内对客户设立什么目标,以及你需要采取哪些重点行动。比较全面的客户计划则可能要包含以下信息:

- 客户中的影响者和决策者的具体联系方式;
- 他们每个人对你和你的公司的看法;
- 影响决策者的个别行动计划;
- 有关客户及其业务重点和难题的信息。

保持联系

尽管与客户保持联系是基本常识,但我们往往做得不够有规律。只要客户关系建立的基础是我们创造了价值,客户就不会反感与我们保持联系,重点在于让客户知道我们时刻惦记着他们。除了采用"我打电话就是为了与您保持联系"这样的方法之外,还有很多方法可以达到这个效果。你可以通过以下几种方式与客户保持联系:

- 给客户发送时事资讯;

- 举行正式会议；
- 邀请客户参加酒会或者参加企业活动；
- 邀请客户参与拓展关系网活动；
- 给客户打电话("我刚刚在这个月的……看到了一些消息，觉得您可能会感兴趣……")；
- 发送可能对客户有价值或令客户感兴趣的杂志或网页文章；
- 给客户寄一张生日贺卡；
- 告知客户政策或管理方面的变化；
- 将客户引荐给你的老板；
- 打电话给客户，确保对方收到了订单，并弄清楚对方的想法。

管理会议

会议意味着你将投入大量时间（特别是如果你必须前往客户的所在地），我们有责任充分利用这项投资，方法就是遵循以下虽然简单却很重要的建议。

- 安排会议时，确保由你来提出议程并给客户机会发表意见。这表明你很用心、很专业，并很想充分利用时间。
- 坚持通过电子邮件确认会议——特别是当此次会议提前很久就安排好了的时候。
- 想想你可以在每次会议中创造价值的方式。
- 会议开始时，请确认议程仍然合理，并确认会议用时。

- 确认会议的理想结果或目标。这将让与会者集中精力实现目标，并有助于防止会议偏离轨道。
- 会议结束时，总结行动、责任和时间表，并通过电子邮件确认。

精彩回顾

有效地管理客户无须耗费大把时间，其中有些关键点。在本章中，我们重点探讨了以下几项要点：

- 坚持思考如何通过推荐、证明人和案例研究的方法把客户当作资源加以利用；
- 坚持想方设法为客户创造价值；
- 花时间深入了解你的客户、客户的难题以及你在客户企业内的联络员；
- 确保你与客户保持联系。

针对客户制订计划——了解你想与客户共同达成的目标！

结 语

你的完美未来

这真是一段漫长的旅程！

你可能已经读完了整本书（如果是这样，你的用功令我们印象深刻），或者你可能浏览了某些章节，我们希望它们能为你提供新的见解。阅读本书将支持你思考如何实现成功销售。我们已经到达终点。然而，你的学习之旅却可能刚刚开始！我们已经奉上了我们的观点，也邀请你参与其中，重点研究了销售的实用性，此刻又该轮到你行动了。你有远大目标吗？或者，当你深知意义重大时会采取行动吗？

我们当中的大多数人会在职业生涯中的某一天参加培训课程，并且熟知经典结局——制订行动计划。事实上，如果没有积极的行动，这本书很快就会沦为一个遥远的回忆（当然，在此之前，你已经告诉朋友们你看过这本书）。

如果你的行动总是一成不变，你得到的结果也会一成不变。

> 神经程序语言学（NLP）的假设前提

你想要取得更好的销售业绩吗？你是否明白尽快执行新想法的重要性？如果是，现在请花些时间来反思吧！

最后，我还要给你讲一个故事。

多年前，有一位雄心勃勃的年轻艺术家居住在狭谷边的小村庄里。为了搜集素材，他经常爬到附近的山顶上，在一棵大橡树的树荫下观察眼前的一切。就在这棵令人舒适的树下，他连续几个小时地绘画和思考。他思考着自己是谁，将来会变成谁。他练习着油画、水彩画和铅笔画。随着四季更迭，光线明暗，他用心观察着他所居住的村庄的形状和轮廓。他发现自己练习得越多，水平就越高。他还注意到，如果他花时间详细规划自己的所见，那么他的画面就会更丰富、更具启发性。

消息很快不胫而走，不过匆匆数年，他在当地已经有了大批追随者。他与所有对他的画作感兴趣的人建立了友谊，并因为精通当地的景观而出名。他开始从卖画中赚到很多钱，并发现自己越优秀，就越不需要讨价还价。他很高兴某些客户想要购买他更多的作品，他认真倾听并提出问题以发现对方真正的想法。

他开始在当地的一家画廊展出他的作品，并且精心布置了专门的展室，以便他的画作呈现出最好的效果。人们从当地和远方慕名而来，无不对他的多才多艺、精工细作以及他装裱画作的精巧方式留下了深刻的印象。

几年后一个美丽的秋日，当山坡上遮蔽他的橡树的阴影渐渐拉长，而他正要画完一幅画时，他想到了下一步该做什么。他因此坐立不安。他深知，作为一名艺术家，他必须走出山谷的安全区去开阔自己的视野。他决心开启下一段旅程。第二天，他感谢了他的客户并承诺保持联系，然后出发前往下一座山谷以及更远的山谷。多年来，他不断自我提高，越来越多的人注意到了他的精湛技艺。伴随着他的旅程，他口袋里的财富与他画作的丰富性已成正比。但他始终记得，他的艺术之旅始于一个狭谷边上的小村庄，在那棵老橡树的树荫下。

Authorized translation from the English language edition,entitled Brilliant Selling:What the best salespeople know,do and say,2nd Edition, ISBN:9780273771203 by Jeremy Cassell & Tom Bird, published by Pearson Education, Inc., Copyright © Pearson Education 2012.

All rights reserved. No part of this book may be reproduced or transmitted in any form or by any means, electronic or mechanical, including photocopying, recording or by any information storage retrieval system, without permission from Pearson Education, Inc.

This translation of Brilliant Selling 2nd edition is published by arrangement with Pearson Education Limited.

CHINESE SIMPLIFIED language edition published by CHINA RENMIN UNIVERSITY PRESS CO., LTD., Copyright © 2019.

This edition is manufactured in the People's Republic of China, and is authorized for sale and distribution in the People's Republic of China exclusively (except Taiwan, Hong Kong SAR and Macau SAR).

本书中文简体字版由培生教育出版公司授权中国人民大学出版社在中华人民共和国境内（不包括台湾地区、香港特别行政区和澳门特别行政区）出版发行。未经出版者书面许可，不得以任何形式复制或抄袭本书的任何部分。

本书封底贴有Pearson Education（培生教育出版集团）激光防伪标签。无标签者不得销售。

版权所有，侵权必究。

北京阅想时代文化发展有限责任公司为中国人民大学出版社有限公司下属的商业新知事业部，致力于经管类优秀出版物（外版书为主）的策划及出版，主要涉及经济管理、金融、投资理财、心理学、成功励志、生活等出版领域，下设"阅想·商业""阅想·财富""阅想·新知""阅想·心理""阅想·生活"以及"阅想·人文"等多条产品线。致力于为国内商业人士提供涵盖先进、前沿的管理理念和思想的专业类图书和趋势类图书，同时也为满足商业人士的内心诉求，打造一系列提倡心理和生活健康的心理学图书和生活管理类图书。

《学会辩论：让你的观点站得住脚》

- 逻辑思维精品推荐。
- 无论是成功地进行口头或书面争辩，还是无懈可击地阐述自己的观点，并让他人心悦诚服地接受，背后都有严密的逻辑和科学方法做支撑。
- 只有掌握了本书所讲述的重要的辩论技巧和明智的劝服策略，才能不被他人的观点带跑、带偏，立足自我观点，妙笔生花、口吐莲花！

《学会高效记忆：世界记忆冠军的刻意练习法》

- 工作记忆模型之父艾伦·巴德利鼎力推荐。
- 牛津学霸、前世界记忆冠军深度解锁超强记忆力的奥秘，帮助你激发大脑记忆潜能，让学习效果轻松快速翻倍。

聪明者学习系列

Brilliant Selling

学会销售 第2版 2nd Edition

销售冠军的刻意练习

What the best salespeople know, do and say

[英] 杰里米·卡斯尔（Jeremy Cassell）
汤姆·伯德（Tom Bird） 著

林嘉 译

销售人员拜访手册

中国人民大学出版社

第一部分　拜访前的准备工作

一、了解你属于哪一类型的销售人员

如果你想要成为你所在部门和团队的影响力关键人物,请花20分钟时间来思考和回答以下问题:

1. 你用来回答"你是做什么工作的"这个问题的理想的自我介绍是什么?

_____
_____
_____

2. 当我约见过的客户和别人谈起我时,他们会说些什么?

_____
_____
_____

3. 我想要他们对我怎么评价?

_____
_____
_____

4. 我能够立即做些什么来帮助弥补以上两个问题答案之间存在的差距?

_____
_____
_____

5. 我将具体采取哪些行动来确保自己超越潜在客户的期望值？
_____
_____
_____

6. 我需要做些什么来确保自己超越现有客户的期望值？
_____
_____
_____

7. 你是偏好采取行动还是进行思考？

行动 ←——————→ 思考

	行动导向型	思维导向型
优点	●推动事情发生 ●有主动精神 ●执行力强 ●在他人眼中充满"干劲" ●不逃避行动	●花时间计划 ●深思熟虑 ●思考"合适"方法 ●考虑问题全面 ●从对话中获取大量信息
缺点	●可能总是计划不充分 ●可能被指责"思想跟不上行动" ●可能激怒思维导向型的潜在客户 ●比起思维导向型，发现客户需求的效率较低	●可能过度分析而耽误了行动 ●可能激怒行动导向型的潜在客户 ●可能错过有时限的机会

如果你偏好行动导向型，请努力关注那些你可能操之过急的销售工作，并要额外留意那些可能是思维导向型的潜在

客户。这些工作可能包含面谈前的计划，请充分考虑到所有的可能性，然后再拿出计划书或采取行动。

如果你更倾向于思维导向型，请思考一下你何时需要进入以行动为导向的阶段。有时你需要根据不完整的信息做出决定，尤其是当你正在向行动导向型客户销售。

8. 你偏好细节还是全局？

全局 ◀──────▶ 细节

	全局型	细节型
优点	● 目光长远，胸怀全局 ● 能看见事物之间的联系 ● 擅长概述	● 关注重要的细节 ● 做事方法和信函来往上全面周到 ● 更擅长察觉风险
缺点	● 会激怒细节型人群 ● 可能会被认为不关注重要的细节 ● 可能会在计划书和沟通中遗漏重要细节	● 可能会关注不重要的细节 ● 会激怒全局型人群 ● 可能"只见树木不见森林" ● 可能弄错关注的重点

如果你是全局型销售员，请记住有些客户需要更多的信息。请思考你销售工作的哪些方面可以从更关注细节中受益，这些方面可能包括销售计划书和演讲。

如果你是细节型销售员，请确保自己关注正确的细节。确保你能总结各条信息，并考虑使用图表来帮助阐明复杂的观念。

无论上述哪种情况，请注意客户在细节方面的需求。你可以随时询问对方："你需要我提供多少细节？"

9. 你的动机是趋利还是避害？

趋利 ←——————→ 避害

	趋利型	避害型
优点	• 能围绕想要的结果设立令人信服的目标 • 用行动和里程碑式目标来接近想要的，而不是单纯远离不想要的 缺点 • 可能看不到某些隐含陷阱，不能与潜在客户共同规避风险 • 可能被避害型潜在客户视为急功近利	• 行事动机是避免问题和负面结果 • 能发现观念和销售计划书中可能存在的陷阱 • 能思考如何避免陷阱或克服困难 • 可能过于想要避免问题，以致对客户想要的结果不够明确 • 会被趋利型客户视为态度消极 • 可能缺乏明确而令人信服的职业目标

当你为自己设定销售目标和职业目标的时候，请确保用趋利型语言来表达——你真正想要的是什么？

避害型目标只会让你知道自己无法拥有什么。请注意能够鼓舞你的动机是什么，当你使用能够描述动机的语言时，你是在做决定以避免不想要的，还是在获取你真正想要的？

二、为开发潜在客户做准备

（一）识别潜在客户

首先你要确定开发客户的标准。你想和谁做生意，是一家企业还是个人？

1. 如果是一家企业：

（1）企业名字是什么？ _____

（2）属于哪个市场？ _____

（3）营业额有多少？ _____

（4）地理位置在哪？ _____

（5）在市场中的行业地位怎么样？ _____

（6）它们的具体业务是什么？ _____

（7）是曾经合作过的还是新客户？ _____

2. 如果是个人：

（1）他叫什么？ _____

（2）他属于哪类人群？ _____

（3）他的收入有多少？ _____

（4）他住在什么地方？_____

（5）他的职位是什么？_____

（6）他有什么业余爱好？_____

（7）他的家庭情况是怎样的？_____

（二）研究潜在客户

一旦你识别了潜在客户，就有必要在初次联系对方之前做好计划工作。为了获得良好的第一印象，你需要确定关于该潜在客户的以下信息：

1. 企业文化：
_____

2. 明显的问题或者难题：
_____

3. 能受益于你的产品/服务的主要业务领域：
_____

4. 业务是在成长，还是停滞不前？
_____

5. 有没有合并或者重组？
_____

6. 有没有削减成本或者裁员？

_____

7. 市场趋势是什么？

_____

8. 哪些因素会让你的产品/服务变成"必须拥有"，而不是"拥有也行"？

_____

三、识别现代买家

（一）买家需要什么

请选择一位你的重要客户或潜在客户，并换位思考。

1. 浏览第 16 章中描述的买家心中的 20 个问题，并判断你的买家可能会纠结于其中哪些问题。

_____

2. 对于你的某项产品/服务，买家还会有其他什么问题？

_____

3. 把自己当作买家，尝试回答这些问题。

_____

4. 买家有哪些后顾之忧？

5. 最后，请花些时间来决定你可以采取哪些行动来建立更多的信任，以便完成首次销售或者赢得更多的业务。

（二）你能提供什么

请花些时间完成下面的练习——努力研究并弄清楚你的优点和可能的弱点是什么。

你在此的任务是完成表格，以便充分认识到你的个人发展到了哪个位置。如果你是销售经理，请让你的销售团队完成这项任务。

1. 为了掌控全局，首先请完成你的自我分析。

2. 然后邀请你的销售经理完成表格。

3. 最后，至少找到一位值得信赖的客户，并邀请对方完成表格。

在 0 分到 5 分之间打分（0 = 从未做到，1 = 偶尔做到，2 = 频繁做到，3 = 经常做到，4 = 做到良好，5 = 做到优秀）。

	你的分数	销售经理	值得信赖的客户
产品或服务建议			
市场知识			
诚信			
定价/价格谈判			
关系建设			
交付迅速			
客户和供应商对接			
业务建议			
投资回报率分析			

4. 你注意到了什么？

_____

5. 三者打分的相似之处在哪里？这些可能是你的主要优点。

_____

6. 在哪些方面你的平均分数较低？这些可能是你的弱点。

_____

7. 最后，请扪心自问：在未来三个月里，我能不依赖外力、凭借自身努力采取哪些行动来改善自己的弱点？然后请马上全力以赴采取行动。

_____

第二部分　拜访客户，与客户接触

一、通过提出正确的问题，收集你需要的信息

从以下九个方面提问，充分发挥你的影响力。

（一）客户需求和愿望

对销售人员来说，这部分问题是核心问题（参见第19章）。

（二）向客户询问选择标准

1. 在与供应商的业务关系中，重点是什么？
_____

2. 您通过什么方式选择了当前的供应商？
_____

3. 您如何决定与谁做生意？
_____

4. 您最看重销售人员的哪些品质？
_____

（三）在选择阶段影响决策

1. 您在寻找什么样的备选？
_____

2. 我们的竞争对手是谁?
_____

3. 您还会与谁讨论这个购买决策?
_____

4. 您一直在考虑什么问题?
_____

(四) 了解你的服务/产品

1. 您对这个产品/服务的期望/要求是什么?
_____

2. 您有没有在市场上看到过特别不喜欢的其他产品?
_____

3. 您现在需要哪些进一步的信息?
_____

4. 如果您决定购买,结果会怎么样呢?
_____

(五) 明确购买人

1. 如果我们推进到下一个环节,会涉及谁?
_____

2. 如果您决定购买这种产品/服务，大家的角色会如何改变？

3. 新产品发布会涉及谁？

4. 在推动这一进展方面可能会遇到哪些障碍？

（六）弄清决策者

1. 关于您的决策过程，您能告诉我什么？

2. 谁是这笔业务中的重要决策者？

3. 我们如何在贵公司内部为您提供支持？

4. 我们对您的支持在贵公司领导层能起多大作用？

（七）了解客户预算

1. 您如何处理预算问题？

2. 您考虑的价格范围是什么？
_____

3. 谁来支付这笔费用？
_____

4. 如何使这笔项目经费合理化？
_____

（八）购买动机 / 评估客户购买资质

1. 您认为下一步行动是什么？
_____

2. 贵公司执行 / 购买这种服务 / 产品的时间表是什么？
_____

3. 您在这方面受到哪些限制？
_____

4. 在推进之前，我们还需要讨论哪些进一步的信息？
_____

（九）拓展客户关系

1. 在目前或今后的业务中，您还有哪些问题需要解决？
_____

2. 这项业务中还有哪些机会?

_____

3. 了解我们所能提供的其他产品或服务对您来说有用吗?

_____

4. 您还认识哪些人可能会喜欢我们所提供的产品或服务?

_____

二、与客户相匹配的沟通策略

沟通渠道	你可以匹配的内容
视觉(身体语言)	姿势
	手势
	呼吸
	活跃程度
	面部表情
语言(对方说话的内容)	具体语言模式(例如"严肃")
	信念(见第2章)
	价值观(见第2章)
	幽默
	共同兴趣
声音(对方说话的方式)	音调
	节奏
	语速
	音量

三、哪种销售模式更适合你

	交易型销售模式	顾问式销售模式
销售类型	标准件/成品	战略型，多为创新型产品
目前状态	由于电子商务和采购的复杂性而不太常见	由于行业更加复杂和经济全球化而更加常见
销售人员	电话销售和网络销售的接单员，有时与客户当面会谈	与客户当面会谈的主题专家、解决问题的专家
销售周期	可以很迅速	可能需要相当长的时间（常常需要几次面谈）
产品知识	客户很可能知道自己想要什么	客户需要培训，很可能不知道如何解决问题，甚至不知道已经出了问题
销售重点	产品特点和购买利益	以量身定制的方案满足客户需求
销售金额	金额小，数量多	金额大，数量少
产品价格	是购买决策的关键和核心	双方基于贸易让步，协调定价
开发潜在客户	非常重要，周期较短	重要，开展缓慢
采购部门	有时涉及	经常涉及
与客户的关系	常常是短期的，交易性质的	可能是长期的，合作性质的

四、四种有效的沟通方式

（一）电话沟通

1. 编写基础脚本

（1）我能帮助客户吗？

（2）如何帮助？

（3）我以前做过这样的事吗？

（4）我能创造什么价值？

（5）我有案例研究或者证明书来支持上述内容吗？

（6）客户可能在我这花多少钱？

（7）谁是合适的联络员？

2. 初次给客户企业打电话

（1）问候——说明你的名字、职位和公司。

（2）说明你打电话的有效商业理由。

（3）检验他/她是否是合适人选。

（4）请求在方便的时间与对方通个简短的电话，并预约时间。

（5）感谢对方。

3. 初次给潜在客户打电话

（1）问候——说明你的名字、职位和公司。

（2）说明你打电话的有效商业理由——重申初次通话中有用的内容。

（3）提及私人助理或者对方企业中的其他人士。

（4）确定潜在客户所面临的一些主要难题。

（5）使用能够评估客户购买资质的问题来检验对方感兴趣的程度。

（6）从潜在客户的角度定义与你会面的一个主要好处——使用对方的语言描述购买利益，让对方感到深受吸引！

（7）如果有需要，提供案例研究或者证明书来支持上述内容。

_____

（8）请求面谈——提供几个备选时间并确认时间和日期。

_____

（9）感谢对方。

_____

（二）当面会谈

与新开发的潜在客户初次面谈时，你至少需要了解以下情况：

1. 关于营业额、利润率和盈利能力的情况和有关数字。

_____

2. 组织结构。

_____

3. 企业历史。

_____

4. 最近重要的内部消息，如收购等。

_____

5. 客户的基本工作情况。

_____

（三）视频会议

1. 你应该穿什么？

___

2. 你的设备是否运行良好？

___

3. 你的议程是否已明确？

___

4. 在会议上，你的期望目标是什么？你将如何处理诸如客户提问之类的问题？

___

5. 你的视频背景有什么？

___

6. 会议中是否有能影响你的注意力的噪音或者外物？

___

7. 你的表达是否一清二楚，语言是否简明扼要？

___

8. 会议后，你会不会跟进？如何跟进？

___

（四）电子邮件

1. 你为什么要发送邮件？把目的告诉对方。

___

2. 你的收件人和抄送人包含哪些人员?

3. 收件人的沟通的风格是什么?对方偏好全局还是细节?

4. 你希望收件人收到邮件后做些什么?

第三部分　根据客户需求提出解决方案

一、如何让你的方案吸引客户

在与客户沟通时，你的沟通重点应该是你的产品/服务能够如何解决、处理、改善或者减少特定客户/潜在客户所描述的难题。

在决定销售重点之前，你需要判断买家对什么感兴趣，你的竞争对手是谁。

与竞争对手相比，独特的销售主张	优势	共同点	劣势

1. 我的产品或服务如何解决客户的难题？

2. 我的服务如何满足客户的愿望/需求？

3. 我的产品在哪方面比竞争对手更有优势？

4. 我的价格有优势吗？

5. 我的服务能够改善客户的生活吗？能否让对方更快乐？能否降低风险？能否让对方提高生产力？从长远来看能否降低成本？

_____

6. 我的产品比竞争对手的更耐用吗？

_____

二、撰写漂亮的销售计划书

在向现有客户或者潜在客户出示的每一份计划书中，你都无可避免地要展示自己的可信度，对客户的理解，以及以客户为中心。

（一）制订计划书的标准

向决策者提出以下问题，探听出客户的标准，并加以总结。

1. 您希望在计划书中看到什么内容？

_____

2. 您认为一份不错的计划书是什么样的？

_____

3. 计划书中有哪些您不喜欢的内容？

_____

4. 谁将阅读这份计划书？

5. 您偏爱全局还是细节？

（二）少承诺，多做事

请先认真思考，然后再承诺在某个日期前把计划书交给客户。最好根据实际情况选择一个日期，然后提前完成计划书。

（三）确保计划书以客户为中心

使用客户的语言——判断对方关注的焦点和难题。在计划书中要始终提到客户的名字。

（四）头脑风暴

以下这类问题可以启发你的灵感：

1. 客户的核心难题是什么？

2. 为什么这个难题如此重要？

3. 客户想要什么？

_____

4. 衡量标准是什么？

_____

5. 客户有哪些选择？

_____

6. 我们的价值主张是什么？

_____

7. 我们如何证明它是有效的？

_____

一旦头脑风暴结束，你就可以开始列出计划书要点，并准备草稿。

（五）使用模板

一份典型的计划书内容将包括：

- 执行摘要；
- 内容介绍；
- 识别难题/挑战；
- 备选方案；
- 建议书；
- 操作流程——体现满足潜在客户需求的各个步骤；

- 所需资金；
- 总结。

（六）妙笔生花

遵守以下几个基本原则，你的计划书会变得更易于阅读和评估：

- 使用章节标题帮助读者理解计划书的逻辑。
- 避免混淆句子结构——保持句子简洁而连贯。
- 避免使用读者不易理解的单词、短语或者三个字母的缩写词。
- 使用 10~12 号字体。
- 限制段落长度。冗长的段落看起来文字过多，因此请限制每个段落的长度不超过 10 行。
- 在文字中插入一些图片和配图。效果良好的计划书配图可以包含图表、照片、漫画、曲线图和示意图。
- 使用拼写错误检查器。

（七）证明计划书中的所有说法

请确保你能够证实自己的说法。使用现实生活中的事例和案例研究来证明你的公司与竞争对手不同，甚至比对方更好的地方。

（八）提供备选方案

你的计划书应该囊括所有的备选方案——包括客户的竞争对手是谁，他们可能提供什么以及置之不理的后果。

（九）写下强有力的执行摘要

请确保你的执行摘要准确、有趣，并且具有说服力——不要卑躬屈膝或者不吝笔墨地感谢买家给你这个机会。客户应该毫不费力就能看到你对重要问题的回应。

（十）跟进并解决

发送计划书后要尽快致电询问客户反馈意见。

三、准备稳赢的销售演讲

（一）明确目的

当我结束演讲的时候，我想让对方对我的新计划书充满信心，并且迫不及待地想要开始实施。

1. 我想让客户从我的演讲中得到什么信息？

_____

2. 如果我的演讲中有一条关键信息，那会是什么？

_____

（二）研究受众

1. 对方为什么出席？对方期待着什么？对方的需求和愿望是什么？

_____

2. 对方对演讲主题了解多少？

_____

3. 对方需要了解多少，你才能达到目标？

_____

4. 对方对你和你的公司持什么态度？

_____

5. 对方过去的经验会影响他们支持你还是反对你？

_____

6. 决策者在场吗？

_____

7. 对方会事先阅读你的计划书吗？

_____

（三）头脑风暴

使用"观点图"来对演讲主题进行头脑风暴，方法如下：

- 在一张纸的中心画一个圆圈,将演讲稿的主题写在圆圈中。
- 写下关于该主题的所有观点和想法,以圆圈为起点,用分支连线将各个观点连接起来。最好使用不同颜色的笔。
- 尽量放飞思绪。不要试图判断每个观点的重要性而限制了自己的思考。你的想法应该源源不断。
- 完成上述步骤后,把有关的观点和内容连接起来。
- 现在你可以挑选要写入演讲稿中的合适信息了。

(四)挑选并组织素材

根据你的具体目标、你的受众的需求和期望以及可用的时间,来挑选合适的信息。你需要举出案例和轶事来说明重点情况,并让你的演讲生动有趣。你的演讲稿的结构必须合乎逻辑——使用 4MAT 系统(见第 22 章)。

(五)关注开头和结尾

COMB 结构可以帮你成功组织演讲稿(见第 22 章)。

(六)进行排练

记住整场演讲的时间,并且努力比计划用时提前几分钟完成。酌情开展团队排练,或者在同事面前排练,如果可能的话,请在你要进行演讲的同一个房间内排练。

第四部分　如何处理异议

异议是对产品/服务的某些方面的保留意见或顾虑，异议暗示着客户有兴趣。一言不发或者一个明确的拒绝意味着你完成交易的可能性更小！你的任务就是了解客户担忧的原因并帮助客户解忧答疑。

一、成功处理客户异议的 4A 模型

成功处理客户异议的四步流程——4A 模型。

（一）认可（Acknowledge）

对提出异议的人表达认可："感谢你提出这个异议——我可以理解你为什么重视这个问题。"

（二）受众（Audience）

1. 在 1~10 分的范围内，这项异议的重要性是几分？

_____

2. 其他每一个人都有这种担忧吗？

_____

（三）解决（Answer）

不要夸夸其谈，重点不要超过三条，简化过程，并直接

解决问题。

1._____

2._____

3._____

（四）询问（Ask）

1. 这样听起来如何？
_____

2. 这是否解决了您的顾虑？
_____

3. 我还需要做哪些其他事情才能让您感到安心？
_____

二、处理异议的10个技巧

1. 受众分析应该可以帮助你预测异议并找出销售演讲中可能的难题来源。

2. 像为大型销售演讲做准备那样，做好迎接异议的充分准备。

3. 预测你真心不想被问到的三到五个异议——尤其是对于竞争性演讲——并确保你知道如何处理好它们。

4. 预测可能出现的异议，准备支撑材料。

5. 在销售演讲期间询问客户反馈意见。

6. 如果你不理解某个异议，请客户再次说清楚。

7. 不要与买家争论——请仔细倾听，回应时要有同理心和逻辑性。

8. 不仅要听取词汇及其含义，还要听取异议中所表达的情绪。

9. 如果提问者长篇大论并且语焉不详，请总结异议的内容，以帮助受众了解你此刻正在处理哪个问题。

10. 如果你作为团队的一员进行演讲，请决定由谁来处理哪些异议。

第五部分　达成交易

一、计算达成交易的成本

请花几分钟时间来尝试首先计算出达成交易的成本，并猜测伴随着下列每个阶段而产生的时间和货币价值（无论是针对你，还是针对你所在的公司）。

	时间	货币价值
初次开发客户		
面谈（包括行政会议和跟进活动）		
演讲和计划书		
内部会议和潜在客户管理		
我把时间花在这项工作上而导致自己错过的那些机会的价值		

二、如何拿到订单

在整个销售流程中，你需要确保客户仍有购买动力和承诺来进入下一个销售阶段——无论下一个阶段是另一次面谈还是最终购买决定。

交易的达成贯穿整个销售流程。卓越的销售人员会在销售的各个阶段检验客户承诺，如果客户没有真正的兴趣或者承诺，他们就会放弃该销售流程。

1. 如何才能最终得到客户的承诺呢？首先请提出一些预

先想好的问题：

（1）您还需要我们做些什么？

_____

（2）您是否掌握了做出购买决定所需的全部信息？

_____

（3）我们是否准备好讨论接下来的步骤了？

_____

2. 你可能不得不要求客户承诺，但与此同时，请尽可能简化问题：

（1）您现在乐意继续进行吗？

_____

（2）您是否听取了足够的信息好让我们双方开始合作？

_____

（3）目前推动交易进展的最佳方式是什么？

_____

在销售中得到客户承诺绝不是一举定胜负、让你在最后关头才为之恐慌的提醒，而是一个循序渐进的过程，从潜在客户同意与你会面时就已经开始了。

第六部分　客户关系管理

一、客户关系出现问题时的应对方式

请思考你的客户关系以及可能出现难题或"痛点"的情况，完成下表。

可能的难题或"痛点"	我能做些什么来防止该痛点出现	如果痛点已经出现，我能做些什么来适当地解决它

1. 从自身角度出发，思考一下"理想"的客户关系会是怎样的。请选择5～10个词语来描述这段关系。

_____

_____

2. 现在请与顾客换位思考。从客户角度出发，你会用哪些词语来描述与供应商的理想关系？

_____

_____

3. 你能在多大程度上采取行动来建立客户关系，使其符合你对第二个问题的回答？你认为自己想要的理想关系在多大程度上符合客户的观点?

二、管理客户的关键点

(一) 利用客户作为资源

- **让客户做证明人**：为你向潜在客户出具书面或者电话证明。
- **让客户成为案例研究的对象**：你可以使用案例研究作为营销和销售担保，并帮助处于类似情况的其他潜在客户了解到与你的产品/服务以及你的公司合作的真正好处。
- **让客户向其他潜在客户推荐你**：你的客户可能认识能从你的产品或服务中受益的其他人，并可以告诉你他们的名字。

(二) 随时不断地为客户创造价值

1. 向客户传递信息，让你的客户更好地了解他们的市场——新闻剪报、最新研究、客户企业的竞争对手。

2. 向客户说明如何用新方法赚到更多的钱。

3. 向客户说明如何节约成本。

4. 免费发送客户高度重视的信息。

5. 考虑在每次面谈中教会客户。

6. 为客户的员工提供培训。

7. 邀请客户参加社交活动。

（三）深入了解客户

1. 了解客户在市场中面对的难题和业务重点。

___

2. 增加你在客户企业中的联络员的数量——找出决策者和影响者，向他们毛遂自荐。

___

3. 了解客户的企业文化和决策方式。

___

4. 了解你的重要联络员的个人成就和动机。

___

5. 发现哪些行业现状能为你带来更多机会。

___

6. 使用互联网等工具对客户进行研究，以便了解对你有利和不利的变化，并通过业务会谈积极为客户创造价值。

___

7. 跟可能与客户有交集的其他人（如其他供应商）交谈以增长见识。

___

第七部分　你的行动计划与收获

无论销售哪种产品或服务，可能都会涉及一系列你可以或者必须遵循的步骤，从与潜在客户的初次对话开始，一直到交易的达成。而得心应手的流程能够为你取得理想的业绩而进行的所有活动提供支持和框架，帮助你牢记真正的重点，确保你从参与的活动中获得最理想的结果。

开发潜在客户

↓

关键点

· 确保你充分开展了开发客户的活动

· 客观评估潜在客户的购买资质

识别客户需求及其含义

↓

关键点

· 充分理解客户需求

· 帮助客户建立必须购买的理由

提出解决方案

↓

关键点

· 用潜在客户的语言说清购买利益发现

· 影响决策者

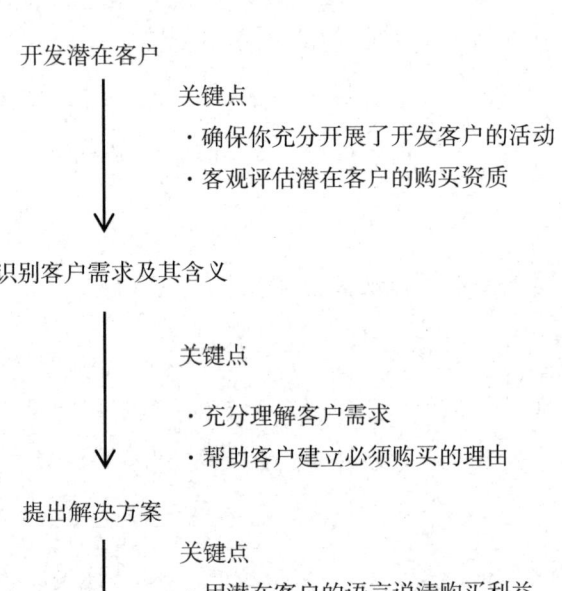

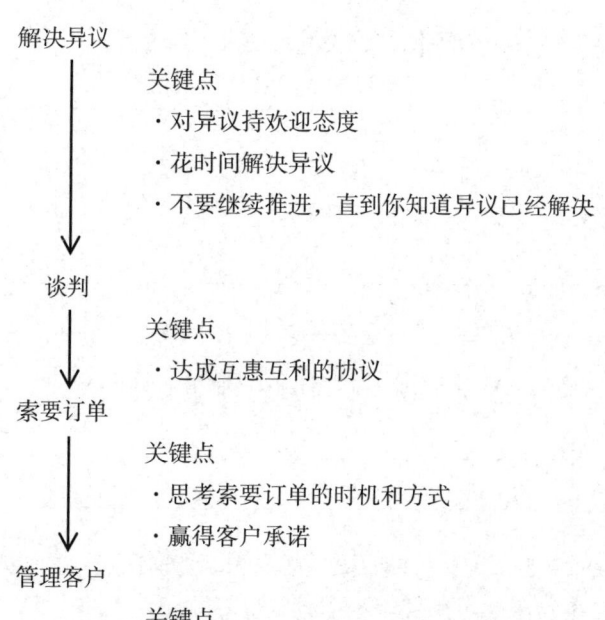

解决异议

关键点
- 对异议持欢迎态度
- 花时间解决异议
- 不要继续推进，直到你知道异议已经解决

谈判

关键点
- 达成互惠互利的协议

索要订单

关键点
- 思考索要订单的时机和方式
- 赢得客户承诺

管理客户

关键点
- 把客户关系发展到信任的更高层次

现在请拿起笔来，并针对你的实际情况逐一回答以下问题：

1. 你觉得本书中的哪些内容特别有用？

_____

_____

2. 你如何着手将这些知识点应用于你当前的工作中？

_____

_____

3. 未来四周你打算做些什么？
_____
_____

4. 明天你打算做些什么？
_____
_____

5. 你如何知道你已经做出了理想的转变？
_____
_____

走出门去，并有所作为。来享受这次读书之旅吧——你有能力成为卓越的销售人员！